Armin Winnen

Basiswissen Handelsrecht

Die Grundlagen in Frage und Antwort

1. Auflage 2008

ISBN 978-3-86724-134-2

1. Auflage 2008

© 2008 Niederle Media

Bezug über den Buchhandel oder direkt vom Verlag
Niederle Media
48341 Altenberge
Fax (02505) 93 98 99
E-Mail: info@niederle-media.de
www.niederle-media.de

Der Inhalt wurde sorgfältig erstellt, bleibt aber ohne Gewähr für Richtigkeit und Vollständigkeit. Nachdruck sowie Verwendung in anderen Medien oder in Seminaren nur mit schriftlicher Genehmigung des Verlags.

Druck:

▶ Inhalt

▶ Basiswissen Handelsrecht

A. Einführung — 7

B. Der Kaufmann — 8
I. Grundlagen — 8

II. Istkaufmann nach § 1 Abs. 1, 2 HGB — 9

III. Kannkaufmann nach §§ 2, 3 HGB — 13

IV. Fiktivkaufmann nach § 5 HGB — 15

V. Formkaufmann nach § 6 HGB — 16

VI. Scheinkaufmann — 17

C. Das Handelsregister — 19
I. Grundlagen — 19

II. Negative Registerpublizität (§ 15 Abs. 1 HGB) — 21

III. Wirkung eingetragener und bekannt gemachter Tatsachen (§ 15 Abs. 2 HGB) — 25

IV. Positive Registerpublizität (§ 15 Abs. 3 HGB) — 26

D. Die Firma — 29
I. Grundlagen — 29

II. Schutz der Firma — 30

III. Firmenfortführung durch rechtsgeschäftlichen Erwerber — 31

IV. Firmenfortführung durch Erben — 36

V. Eintritt in das Geschäft eines Einzelkaufmannes — 40

E. Vertretung des Kaufmannes	**44**
I. Grundlagen	44
II. Prokura	44
III. Handlungsvollmacht	49
IV. Vertretung durch Ladenangestellten	52
F. Handelsgeschäfte (Allgemeiner Teil)	**55**
I. Begriff des Handelsgeschäftes	55
II. Zustandekommen von Handelsgeschäften durch Schweigen	57
III. Erwerb vom Nichtberechtigten	62
IV. Formfreiheit bei Bürgschaft, Schuldversprechen oder Schuldanerkenntnis	66
V. Abtretung	67
VI. Zurückbehaltungsrecht	69
VII. Kontokorrent	71
VIII. Sorgfaltspflicht, Zinsen und Leistungszeit	73
G. Besondere Handelsgeschäfte	**74**
I. Handelskauf	74
II. Kommissionsgeschäft	81
III. Fracht-, Speditions- und Lagergeschäft	85
H. Handelsvertreter, Handelsmakler und Handlungsgehilfe	**86**
I. Der Handelsvertreter	86
II. Der Handelsmakler	93
III. Der Handlungsgehilfe	94

▶ Vorwort

Dieses Skript ist gedacht als Einführung in die klausurrelevantesten Themen aus dem Handelsrecht. Durch das Frage-Antwort-Schema kann man selbst prüfen, ob der „Stoff" auch wirklich „sitzt".

Der Name **Niederle Media** steht für Skripten, die zu einem großen Teil von Autoren mit mehrjähriger Lehr-Erfahrung als Hochschullehrer oder AG-Leiter verfasst wurden und die

- klausurrelevante Themen *kompakt* darstellen,
- meist in 1-2 Tagen und demnach *zeitsparend* durchgearbeitet werden können,
- so *verständlich* sind, dass auch Anfänger damit regelmäßig auf Anhieb klarkommen,
- *Fallbeispiele, Übersichten* und *Schemata* enthalten,
- sehr *erschwinglich* sind (ab 6,60 Euro).

Aufgrund dieser Eigenschaften sind unsere Skripten hervorragend geeignet für den ersten, unkomplizierten Einstieg in die Materie oder für eine schnelle Wiederholung kurz vor der Prüfung. Dafür drücke ich schon jetzt ganz fest die Daumen,

Jan Niederle

▶ **Unsere** 📖 **Skripten** 📑 **Karteikarten** 🎧 **Hörbücher (Audio-CDs)**

Zivilrecht (je 6,60 €*)
- Standardfälle für Anfänger und 📖 Standardfälle für Fortg.
- Standardfälle BGB AT
- Standardfälle Schuldrecht
- Standardfälle Ges. Schuldverh. (§§ 677, 812, 823)
- Standardfälle Sachenrecht
- Standardfälle Familien- und Erbrecht
- Originalklausuren Übung für Fortgeschrittene
- 🎧 Basiswissen BGB (AT) (Frage-Antwort)
- 🎧 Basiswissen SchR (AT) und 📖 🎧 Basisw SchR (BT)
- Einführung in das Bürgerliche Recht
- BGB (AT) (9,90 €)
- Schuldrecht (AT) (9,90 €)
- Schuldrecht (BT) 1 - §§ 437, 536, 634, 670 ff.
- Schuldrecht (BT) 2 - §§ 812, 823, 765 ff.
- Sachenrecht 1 – Bewegliche Sachen
- Sachenrecht 2 – Unbewegliche Sachen
- Familienrecht
- Erbrecht
- Streitfragen Schuldrecht
- 🎧 Definitionen für die Zivilrechtsklausur (9,90 €)

Strafrecht (je 6,60 €*)
- Standardfälle für Anfänger Band 1 (7,90 €)
- Standardfälle für Anfänger Band 2
- Standardfälle für Fortgeschrittene (8,90 €)
- 🎧 Basiswissen Strafrecht (AT) (Frage-Antwort)
- Basiswissen Strafrecht (BT) in Vorbereitung
- Strafrecht (AT)
- Strafrecht (BT) 1 – Vermögensdelikte (7,90 €)
- Strafrecht (BT) 2 – Nichtvermögensdelikte (7,90 €)
- Jugendstrafrecht/Strafvollzug/Kriminologie
- 🎧 Definitionen für die Strafrechtsklausur

Öffentliches Recht (je 6,60 €*)
- Standardfälle Staatsrecht I – StaatsorgaR (7,90 €)
- Standardfälle Staatsrecht II – Grundrechte (9,90 €)
- Standardfälle für Anfänger (StaatsorgaR u. Grundrechte)
- Standardfälle Verwaltungsrecht (AT) (7,90 €)
- Standardfälle Verwaltungsrecht für Fortgeschrittene
- Standardfälle Baurecht (7,90 €)
- Standardfälle Europarecht (7,90 €)
- 🎧 Basiswissen Staatsrecht I – StaatsorgaR (Frage-Antw.)
- 🎧 Basiswissen Staatsrecht II – GrundR (Frage-Antw.)
- Basiswissen Verwaltungsrecht AT– (Frage-Antwort)
- Staatsorganisationsrecht (9,90 €)
- Grundrechte (9,90 €)
- Staatshaftungsrecht (7,90 €)
- Verwaltungsrecht (AT) 1 - VwVfG
- Verwaltungsrecht (AT) 2 – VwGO
- Verwaltungsrecht (BT) 1 – POR (7,90 €)
- Verwaltungsrecht (BT) 2 - Baurecht
- Verwaltungsrecht (BT) 3 – Umweltrecht
- 🎧 Europarecht (9,90 €)
- 🎧 Definitionen Öffentliches Recht (8,90 €)

Steuerrecht (je 6,60 €*)
- Abgabenordnung (AO)
- Einkommensteuerrecht (EStG) (7,90 €)
- Umsatzsteuerrecht (UStG) (7,90 €)
- Erbschaftsteuerrecht: erscheint ca. April 2008!
- Steuerstrafrecht/Verfahren/Steuerhaftung (7,90 €)

Sozialrecht (je 6,60 €*)
- Kinder- und Jugendhilferecht
- Sozpäd. Diagn.: SPFH & ambul. Hilfen d. KJH
- Sozialrecht

Nebengebiete (je 6,60 €*)
- Standardfälle Handels- & GesellschaftsR
- Standardfälle Arbeitsrecht (7,90 €)
- 🎧 Basiswissen Handelsrecht (Frage-Antwort)
- 🎧 Basiswissen Gesellschaftsrecht (Fra.-Antw.)
- 🎧 Basiswissen ZPO (Frage-Antwort) (7,90 €)
- 🎧 Basiswissen StPO (Frage-Antwort)
- Handelsrecht
- Gesellschaftsrecht
- Arbeitsrecht (7,90 €)
- Kollektives Arbeitsrecht (7,90 €)
- ZPO I – Erkenntnisverfahren (7,90 €)
- ZPO II – Zwangsvollstreckung
- Strafprozessordnung – StPO
- Internationales Privatrecht – IPR (7,90 €)
- Insolvenzrecht
- Gewerbl. Rechtsschutz/Urheberrecht (7,90 €)
- Wettbewerbsrecht (7,90 €)
- 500 Spezial-Tipps f. Juristen (10,90 €)
- Mediation (7,90 €)

Karteikarten (je 8,90 €*)
- 📑 Grundlagen des Zivilrechts
- 📑 Streitfragen Strafrecht
- 📑 Strafrecht (BT) 1 - Vermögensdelikte
- 📑 Strafrecht (BT) 2 – Nichtvermögensdelikte

Assessorexamen (je 6,60 €*)
- Die Relationstechnik
- Der Aktenvortrag im Strafrecht
- Der Aktenvortrag im Wahlfach Strafrecht
- Der Aktenvortrag im Zivilrecht
- Der Aktenvortrag im Öffentlichen Recht
- Urteilsklausuren Zivilrecht
- Anwaltsklausuren Zivilrecht
- Staatsanwaltl. Sitzungsdienst & Plädoyer
- Die strafrechtliche Assessorklausur
- Die öff.-rechtl. Assessorklausur Bd.1 (7,90 €)
- Die öff.-rechtl. Assessorklausur Bd.2
- Zwangsvollstreckungsklausuren
- Vertragsgestaltung in der Anwaltsstation

BWL & VWL (je 6,60 €*)
- Einführung in die Betriebswirtschaftslehre
- Einführung in die Volkswirtschaftslehre
- Ratg. „500 Spezial-Tipps für BWLer"
- Rechnungswesen
- Marketing
- Organisationsgestaltung & -entwickl. (7,90 €)
- Internationales Management
- Unternehmensführung
- Wie gelingt meine wiss. Abschlussarbeit?
- Ratgeber Assessment Center

Schemata (9,90 €)
- Die wichtigsten Schemata - ZivR,StrafR,ÖR
- Die wichtigsten Schemata - Nebengebiete

* 6,60 Euro, soweit nicht ein anderer Preis in ( ) angegeben ist! Irrtümer/Änd. vorbehalten!

🎧 bedeutet: auch als **Hörbuch** (Audio-CD) lieferbar (7,90 €)

Im **niederle-shop.de** bestellte Artikel treffen idR *nach 1-2 Werktagen* ein!

A. Einführung

1. Was versteht man unter „Handelsrecht"?

Das Handelsrecht wird als Sonderprivatrecht der Kaufleute bezeichnet. Bei der Frage der Anwendbarkeit des Handelsrechtes wird an den Begriff des Kaufmanns angeknüpft, der in den §§ 1-6 HGB geregelt ist. Damit legt der Gesetzgeber ein sogenanntes subjektives System zu Grunde, d.h. dass sich die Geltung des Handelsrechts nicht nach der Natur des betreffenden Geschäftes richtet, sondern vielmehr von einer Eigenschaft in der Person eines der beteiligten Rechtssubjekte abhängt. Teilweise ist es auch ausreichend, wenn nur eine der beteiligten Parteien Kaufmann ist.

2. In welchem Verhältnis steht das Handelsrecht zu den Regelungen des BGB?

Als Sonderprivatrecht der Kaufleute hat das Handelsrecht grundsätzlich Vorrang vor dem BGB. Dies bedeutet nicht, dass das BGB nicht anwendbar ist. Durch die Regelungen im HGB werden die Regelungen im BGB teils modifiziert, teils ergänzt. Eine Modifizierung ergibt sich zum Beispiel aus § 349 S. 1 HGB, wonach einem Bürgen die Einrede der Vorausklage (§ 771 S. 1 BGB) nicht zusteht, wenn die Bürgschaft für ihn ein Handelsgeschäft ist. Sofern das HGB keine spezielle Regelung vorsieht, ist ein Rückgriff auf das BGB notwendig.

3. Warum gibt es das Handelsrecht als Sonderprivatrecht der Kaufleute?

Die im Handelrecht getroffenen Regelungen berücksichtigen die besonderen Interessen der beteiligten Parteien im Wirtschaftsverkehr und die Bedürfnisse des Handels. Hierzu zählen insbesondere:

- *Selbstverantwortlichkeit* – Ein Kaufmann muss die Chancen und Risiken im Handelsverkehr selbst abschätzen. Er bedarf wegen seines Wissens und seiner Erfahrung nicht des gleiches Schutzes wie ein normaler Bürger.

- *Einfachheit und Schnelligkeit* – Aus dem Handelsrecht ergeben sich Vorschriften, die eine schnelle und einfache Abwicklung von Verträgen gewährleisten sollen. So wird etwa nach § 350 HGB in bestimmten Fällen auf die Schriftform verzichtet.

- *Verkehrs- und Vertrauensschutz* – Weiteres Kennzeichnungsmerkmal des Handelsrechts ist ein erhöhter Verkehrs- und Vertrauensschutz, der auch wegen der zuvor Genannten Prinzipien notwendig ist. Hierzu zählt vor allem die Publizität des Handelsregisters.

Literatur
📖 Baumbach/Hopt, Handelsgesetzbuch, 32. Auflage 2006, Einleitung vor § 1 HGB
📖 Canaris, Handelsrecht, 24. Auflage 2006, § 1
📖 Zöllner, Wovon handelt das Handelsrecht?, ZGR 1983, 22 ff.

B. Der Kaufmann

I. Grundlagen

1. Gibt es nur einen Kaufmannsbegriff?

Nein, das HGB differenziert zwischen mehreren Kaufmannsbegriffen. Es gibt den Istkaufmann (§ 1 HGB), den Kannkaufmann (§§ 2, 3 HGB), den Kaufmann kraft Eintragung (§ 5 HGB) und den Formkaufmann (§ 6 HGB).

2. Gibt es gesetzlich nicht geregelte Kaufmannsbegriffe?

Grundsätzlich sind die in den §§ 1-6 HGB geregelten Kaufmannsbegriffe abschließend. Allerdings muss sich derjenige, der im Rechtsverkehr als Kaufmann auftritt, ohne jedoch den Tatbestand einer der genannten Normen zu erfüllen, gutgläubigen Dritten gegenüber nach allgemeinen Rechtsscheinsgrundsätzen auch als Kaufmann behandeln lassen und wird als *Scheinkaufmann* bezeichnet. Er ist kein Kaufmann im Sinne des HGB, die Lehre vom Scheinkaufmann geht vielmehr auf die Grundsätze der allgemeinen Rechtsscheinshaftung zurück.

II. Istkaufmann nach § 1 Abs. 1, 2 HGB

1. Was versteht man unter einem Istkaufmann?

Nach § 1 Abs. 1 HGB ist Kaufmann, wer ein Handelsgewerbe betreibt. Der Begriff des Handelsgewerbes ergibt sich sodann aus § 1 Abs. 2 HGB, wonach ein Handelsgewerbe jeder Gewerbebetrieb ist, es sei denn, dass das Unternehmen nach Art und Umfang einen in kaufmännischer Weise eingerichteten Geschäftsbetrieb nicht erfordert.

Voraussetzung für das Vorliegen der Kaufmannseigenschaft nach §§ 1 Abs. 1, 2 HGB ist also zunächst, dass ein Gewerbe betrieben wird. Dieses Gewerbe muss weiterhin ein Handelsgewerbe darstellen.

2. Ist der Begriff des *Gewerbes* gesetzlich definiert?

Der Begriff des Gewerbes ist im HGB nicht definiert. Auch in anderen Rechtsvorschriften (etwa § 6 GewO, § 15 Abs. 2 S. 1 EStG) findet sich keine für das Handelsrecht hinreichende Definition.

3. Wie wird der Begriff des *Gewerbes* im Handelsrecht definiert?

Unter einem Gewerbe im Sinne des Handelsrechts versteht man eine nach außen erkennbare, selbstständige und planmäßige, auf Dauer angelegte Tätigkeit, die in erlaubter Weise mit Gewinnerzielungsabsicht und nicht als freier Beruf betrieben wird.

4. Wann ist ein Gewerbe *nach außen erkennbar*?

Eine Gewerbetätigkeit ist nach außen erkennbar, wenn sie Dritten gegenüber erkennbar nach außen in Erscheinung tritt. Das ist nicht der Fall, wenn sich die fragliche Tätigkeit auf die reine Verwaltung von Vermögen beschränkt.

5. Wann ist eine Tätigkeit *selbstständig*?

Für das Merkmal der Selbstständigkeit bietet § 84 Abs. 1 S. 2 HGB einen Anhaltspunkt. Danach ist derjenige selbstständig, der im Wesentlichen frei seine Tätigkeit gestalten und seine Arbeitszeit bestimmen kann. Entscheidend ist immer die rechtliche Unabhängigkeit; wirtschaftliche Unabhängigkeit reicht nicht aus. Durch das Merkmal der Selbstständigkeit wird der Kaufmann vor allem vom Arbeitnehmer und Beamten abgegrenzt.

6. Wann ist eine Tätigkeit *planmäßig und auf Dauer angelegt?*

Die planmäßige Ausübung einer Tätigkeit setzt voraus, dass die Absicht des Handelnden auf eine Vielzahl von Geschäften gerichtet ist. Es darf sich nicht nur um eine Mehrzahl von einzelnen Gelegenheitsgeschäften handeln.

Ausreichend ist aber auch, wenn die Tätigkeit mit Unterbrechungen ausgeführt wird (z.B. Saisongeschäft), nur auf eine begrenzte Dauer gerichtet ist (z.B. ein Getränkestand bei einem Volksfest) oder es sich um eine bloße Nebentätigkeit handelt.

7. Ist die Erlaubtheit einer Tätigkeit Voraussetzung für das Vorliegen eines Gewerbes?

Ob die Erlaubtheit einer Tätigkeit Voraussetzung für das Vorliegen eines Gewerbes ist, wird unterschiedlich beurteilt. Nach teilweise vertretener Ansicht soll dies nicht notwendig sein. Die überzeugende h.M. setzt jedoch die Erlaubtheit für das Vorliegen eines Gewerbes voraus. Demjenigen, der unerlaubte Geschäfte betreibt, sollen nicht die Rechte eines Kaufmannes zustehen.

8. Wann ist eine Tätigkeit *erlaubt?*

Mit der Voraussetzung der Erlaubtheit sollen diejenigen Tätigkeiten aus dem Gewerbebegriff ausgeklammert werden, die gegen gesetzliche Verbote oder gegen die guten Sitten verstoßen.

Beispiele: Kein Gewerbe betreiben daher Waffenhändler, Drogenhändler, Hehler, Zuhälter usw.

Nicht vom Merkmal der Erlaubtheit des Gewerbes erfasst ist das Nichtvorliegen einer öffentlich-rechtlichen Erlaubnis, da nach § 7 HGB nämlich die Kaufmannseigenschaft gerade nicht von dieser abhängig sein soll.

9. Ist eine Gewinnerzielungsabsicht Voraussetzung für das Vorliegen eines Gewerbes?

Ob für das Vorliegen eines Gewerbes die Absicht einer Gewinnerzielung erforderlich ist, ist umstritten. Nach teilweise vertretener Ansicht wird für das Betreiben eines Gewerbes keine Gewinnerzielungsabsicht verlangt. Vielmehr soll eine Führung des Unternehmens nach betriebswirtschaftlichen Grundsätzen bzw. eine anbietende oder entgeltliche Tätigkeit am Markt maßgeblich sein. Nach h.M. ist die Gewinnerzielungsabsicht als ein unverzichtbares Merkmal des Gewerbebegriffes anzusehen. Die tatsächliche Erwirtschaftung eines Gewinnes soll dabei aber nicht erforderlich sein.

10. Wann ist von einer Gewinnerzielungsabsicht auszugehen?

Gewinnerzielungsabsicht liegt vor, wenn aus der Tätigkeit ein Überschuss der Einnahmen über die Ausgaben erzielt werden soll. Dass tatsächlich ein Gewinn erzielt wird, ist nicht notwendig. Nicht ausreichend ist hingegen, die Absicht kostendeckend zu arbeiten, so dass Einnahmen und Ausgaben sich also decken.

Eine Gewinnerzielungsabsicht kann bei Tätigkeiten von Privaten vermutet werden. Bei Unternehmungen der öffentlichen Hand muss sie im Einzelnen festgestellt werden.

11. Wann ist eine Tätigkeit *freiberuflich*?

Angehörige der freien Berufe betreiben kein Gewerbe. Diese zeichnen sich vor allem durch eine höchstpersönliche Leistungserbringung aus; es kommt mithin auf die individuellen Fähigkeiten und nicht auf die Erbringung wirtschaftlicher Leistungen mittels einer organisierten Wirtschaftseinheit an.

Teilweise wird schon durch das Gesetz angeordnet, dass die ausgeübte Tätigkeit kein Gewerbe ist (vgl. § 2 Abs. 2 BRAO für Rechtsanwälte, § 2 S. 3 BNotO für Notare, § 1 Abs. 2 BundesärzteO für Ärzte, usw.).

Beispiele: Freie Berufe sind insbesondere: Rechtsanwälte, Notare, Wirtschaftsprüfer, Steuerberater, Ärzte, Tierärzte, Architekten, Künstler, Schriftsteller. Nicht zu den freien Berufen zählen Apotheker.

Eine Auflistung der wesentlichen freien Berufe findet sich auch in § 1 Abs. 2 S. 2 PartGG.

12. Unter welchen Voraussetzungen stellt ein Gewerbe ein Handelsgewerbe dar?

Nach § 1 Abs. 2 HGB ist Handelsgewerbe jeder Gewerbebetrieb, es sei denn, dass das Unternehmen nach Art und Umfang einen in kaufmännischer Weise eingerichteten Geschäftsbetrieb nicht erfordert.

Aus der negativen Formulierung von § 1 Abs. 2 HGB ist zu entnehmen, dass grundsätzlich jedes Gewerbe auch ein Handelsgewerbe darstellt. Mithin liegt eine widerlegbare Vermutung für das Bestehen eines Handelsgewerbes vor.

Sofern bei einem Gewerbe kein in kaufmännischer Weise eingerichteter Geschäftsbetrieb erforderlich ist, liegt ein sog. Kleingewerbe vor. Ob ein in kaufmännischer Weise eingerichteter Geschäftsbetrieb notwendig ist, kann nicht anhand starrer Kriterien bestimmt werden. Vielmehr ergeben sich aus einer typologischen Umschreibung Kriterien, die für das Vorliegen eines in kaufmännischer Weise eingerichteten Geschäftsbetriebes sprechen können. Derartige Kriterien können Umsatz, Anzahl der Beschäftigten, Anzahl der Betriebsstätten, Führung einer Firma, Buchführung oder Bilanzierung sein.

Entscheidend bei der Beurteilung der Erforderlichkeit eines in kaufmännischer Weise eingerichteten Geschäftsbetriebes ist immer ein Gesamtbild, nicht hingegen das Vorliegen einzelner der oben genannten Kriterien. Nicht entscheidend ist dabei deren Vorhandensein, sondern nur deren Erforderlichkeit.

13. Wann wird ein Gewerbe iSv § 1 Abs. 1 HGB *betrieben*?

§ 1 Abs. 1 HGB regelt, dass derjenige Kaufmann ist, der ein Handelsgewerbe betreibt. Betreiber eines Handelsgewerbes ist dabei derjenige, für und gegen den die im Rahmen des betreffenden Handelsgewerbes abgeschlossenen Geschäfte wirken sollen.

14. Wie wirkt sich die Eintragung eines Istkaufmanns in das Handelsregister auf die Frage des Vorliegens der Kaufmannseigenschaft aus?

Die Eintragung des Istkaufmanns (§ 1 Abs. 1 HGB) in das Handelsregister wirkt sich nicht mehr auf die Frage aus, ob die Kaufmannseigenschaft vorliegt oder nicht. Die Eintragung ist vielmehr nur deklaratorisch. Die Rechte und Pflichten eines Kaufmannes treffen den Betroffenen ohne eine Eintragung in das Handelsregister.

15. Wann endet die Istkaufmannseigenschaft?

Ist die Firma nicht in das Handelsregister eingetragen, so endet die Kaufmannseigenschaft nach § 1 Abs. 1 HGB, wenn der Betrieb des Handelsgewerbes vollständig und dauerhaft aufgegeben wird, wenn eine Umstellung auf eine Tätigkeit erfolgt, die kein Gewerbe darstellt oder wenn kein in kaufmännischer Weise eingerichteter Geschäftsbetrieb mehr erforderlich ist.

Ist die Firma hingegen in das Handelsregister eingetragen, so endet die Kaufmannseigenschaft ebenfalls mit der Betriebsaufgabe, nicht jedoch mit Herabsinken auf ein Kleingewerbe (zum Begriff des Kleingewerbes vgl. unten B. III. 2., S.14). Im letzten Fall ist die Löschung aus dem Handelsregister erforderlich, ansonsten greifen die §§ 2, 3 HGB. Gegen ein ggf. eingeleitetes Amts-Löschungsverfahren kann der Betroffene widersprechen und freiwillig nach § 2 S. 1 HGB eingetragen bleiben.

III. Kannkaufmann nach §§ 2, 3 HGB

1. Worin besteht der wesentliche Unterschied zwischen einem Istkaufmann nach § 1 Abs. 1 HGB und einem Kannkaufmann nach § 2 HGB?

Der Kannkaufmann nach § 2 HGB betreibt im Gegensatz zum Istkaufmann nach § 1 Abs. 1 HGB kein Handelsgewerbe, sondern nur ein Kleingewerbe. Bei ihm ist also kein in kaufmännischer Weise eingerichteter Geschäftsbetrieb erforderlich.

2. Unter welchen Voraussetzungen liegt die Kaufmannseigenschaft nach § 2 HGB vor?

Nach § 2 S. 1 HGB gilt ein Kleingewerbe, also ein Gewerbe, bei dem ein in kaufmännischer Weise eingerichteter Geschäftsbetrieb nicht notwendig ist, als Handelsgewerbe, wenn die Firma des Unternehmens in das Handelsregister eingetragen ist. Das Vorliegen eines Handelsgewerbes wird also fingiert.

3. Wie wirkt sich die Eintragung in das Handelsregister nach § 2 S. 1 HGB auf die Frage des Vorliegens der Kaufmannseigenschaft aus?

Durch die Eintragung des Kleingewerbes in das Handelsregister nach § 2 S. 1 HGB wird die Kaufmannseigenschaft begründet, die Eintragung wirkt mithin konstitutiv. Zu einer Eintragung des Kleingewerbes ist die betroffene Person nicht verpflichtet. Vielmehr ist die Eintragung, wie § 2 S. 2 HGB zeigt, freiwillig.

4. Wann endet die Kaufmannseigenschaft nach § 2 S. 1 HGB?

Aufgrund der Freiwilligkeit der Anmeldung des Kleingewerbes zum Handelsregister (§ 2 S. 2 HGB) steht es dem Betroffenen frei, seine Entscheidung rückgängig zu machen und nach § 2 S. 3 HGB ein Löschungsverfahren einzuleiten, um die konstitutive Eintragung mit ex nunc Wirkung wieder rückgängig zu machen. Daher wird teilweise von einem „Kaufmann mit Rückfahrkarte" gesprochen. Die Löschung durch das Registergericht erfolgt allerdings nur dann, wenn zwischenzeitlich nicht die Vorraussetzungen eines Handelsgewerbes nach § 1 Abs. 2 HGB eingetreten sind.

5. Was versteht man unter einer land- und forstwirtschaftlichen Betätigung iSv § 3 HGB?

Unter einer landwirtschaftlichen Betätigung versteht man die Ausnutzung des Bodens mit dem Ziel der Erzeugung und Verwertung pflanzlicher oder tierischer Rohstoffe. Eine forstwirtschaftliche Betätigung ist gegeben, wenn eine wirtschaftliche Nutzung von Wäldern durch Auf- und Abforsten erfolgt.

6. Wann kann aufgrund einer land- oder forstwirtschaftlichen Betätigung die Kaufmannseigenschaft entstehen?

Bei der Entstehung der Kaufmannseigenschaft durch eine land- oder forstwirtschaftliche Betätigung ist zwischen zwei Fällen zu differenzieren. Ausgangspunkt ist dabei, dass eine land- und forstwirtschaftliche Betätigung grundsätzlich ein Gewerbe darstellt.

Für den Fall der Erforderlichkeit eines nach kaufmännischer Weise eingerichteten Geschäftsbetriebes bei der land- oder forstwirtschaftlichen Betätigung besteht nach § 3 Abs. 2 HGB die Möglichkeit, die Kaufmannseigenschaft durch Eintragung der Firma in das Handelsregister zu erlangen. Der Land- oder Forstwirt hat dementsprechend ein Wahlrecht, die Eintragung wirkt konstitutiv.

Ist die Eintragung jedoch einmal erfolgt, kann diese nicht mehr entsprechend § 2 S. 3 HGB, sondern nur nach den allgemeinen Vorschriften gelöscht werden. Mithin besteht bezüglich der Beendigung der Kaufmannseigenschaft kein Wahlrecht.

Für den Fall, dass das Unternehmen nach Art und Umfang keinen in kaufmännischer Weise eingerichteten Geschäftsbetrieb erfordert, mithin also ein Kleingewerbe vorliegt, besteht für den Betroffenen das Wahlrecht nach § 2 HGB. In diesem Fall liegt ein ganz normales Kleingewerbe vor.

IV. Fiktivkaufmann nach § 5 HGB

1. Hat § 5 HGB überhaupt einen eigenständigen Anwendungsbereich?

Teilweise wird angenommen, § 5 HGB habe überhaupt keinen eigenständigen Anwendungsbereich mehr. Dies wird damit begründet, dass ein eingetragenes Kleingewerbe bereits nach § 2 HGB als Handelsgewerbe gilt. Dagegen wird jedoch vorgebracht, dass § 2 HGB nur dann eingreife, wenn ein Kleingewerbetreibender freiwillig und aufgrund einer wirksamen Anmeldung in das Handelsregister eingetragen sei. Soweit die vorgenannten Voraussetzungen nicht erfüllt sind, wird von der Gegenansicht dementsprechend ein Eingreifen von § 5 HGB angenommen.

2. Welche Fälle soll § 5 HGB regeln? Welche Voraussetzungen müssen erfüllt sein?

Die Ansicht, die § 5 HGB einen eigenständigen Anwendungsbereich zumisst nimmt an, dass dieser in zwei Fällen eingreift:

- Herabsinken eines im Sinne von § 1 Abs. 2 HGB eingetragenen Gewerbes zu einem Kleingewerbe nach § 2 HGB

- Nichtige oder fehlende Anmeldung zur Eintragung bzw. irrtümlich Annahme einer Eintragungspflicht nach § 1 Abs. 2 HGB

Beiden Fällen sei gemeinsam, dass es an einer für die Eintragung nach § 2 HGB erforderlichen Willenserklärung fehlt.

3. Welche Voraussetzungen müssen für ein Eingreifen von § 5 HGB erfüllt sein?

Neben der notwendigen Eintragung der Firma in das Handelsregister ist wesentliche Voraussetzung für das Eingreifen des § 5 HGB das Vorliegen eines Gewerbes. § 5 HGB greift daher nicht ein, wenn das Gewerbe nicht oder nicht mehr betrieben wird. Worauf die erfolgte Eintragung im Handelsregister beruht, ist unerheblich.

V. Formkaufmann nach § 6 HGB

1. Sind Personenhandelsgesellschaften Kaufmann iSd HGB?

Bei Personenhandelsgesellschaften (OHG, KG) finden über § 6 Abs. 1 HGB die Vorschriften der §§ 1 ff. HGB Anwendung. Die Kaufmannseigenschaft ergibt sich aus § 105 Abs. 1 HGB bzw. § 161 Abs. 1 HGB iVm § 6 Abs. 1 HGB. Die Personenhandelsgesellschaften sind aber auch schon kraft Betrieb eines Handelsgewerbes nach § 1 Abs. 1 HGB Kaufmann. Zu beachten ist zudem die Vorschrift des § 105 Abs. 2 HGB.

2. Sind Kapitalgesellschaften Kaufmann iSd HGB?

Kapitalgesellschaften (AG, GmbH, KGaA, usw.) kommt die Kaufmannseigenschaft kraft Gesetzes zu. So regelt etwa § 13

Abs. 3 GmbHG, dass die GmbH als Handelsgesellschaft im Sinne des HGB gilt (vgl. auch § 3 Abs. 1 AktG für die AG, § 278 Abs. 3 S. 3 AktG für die KGaA). Folglich kommt den Kapitalgesellschaften bereits aufgrund ihrer Rechtsform und somit unabhängig von der Frage des Betriebes eines Handelsgewerbes die Eigenschaft als Kaufmann zu.

VI. Scheinkaufmann

1. Was versteht man unter einem Scheinkaufmann?

Scheinkaufmann ist, wer gegenüber gutgläubigen Dritten zurechenbar den Anschein erweckt, Kaufmann zu sein. Die Lehre vom Scheinkaufmann ist heute Bestandteil der allgemeinen Rechtsscheinshaftung.

2. Unter welchen Voraussetzungen liegt die Scheinkaufmannseigenschaft vor?

Die Voraussetzungen für das Vorliegen der Scheinkaufmannseigenschaft sind (zugleich Prüfungsschema):
a) Setzung des Rechtsscheines der Kaufmannseigenschaft (Rechtsscheinsbasis)
b) Zurechenbarkeit des Rechtsscheines
c) Gutgläubigkeit eines Dritten.

2. Wann liegt die Setzung eines *hinreichenden Rechtsscheines* für die Begründung der Scheinkaufmannseigenschaft vor?

Scheinkaufmann kann nur sein, wer eine hinreichende *Rechtsscheinsbasis* geschaffen hat. Diese ist gegeben, wenn eine Person derart im Geschäftsverkehr auftritt, dass ein Dritter hieraus den Eindruck gewinnt, dass die handelnde Person Kaufmann im Sinne der §§ 1 – 6 HGB ist.
Der Rechtsschein kann dabei entweder ausdrücklich oder konkludent gesetzt werden. Entscheidend ist jeweils der objektive Empfängerhorizont.

Beispiel 1: Nichtkaufmann Klein führt im geschäftlichen Verkehr die Firma Klein Feinkosthandel e.K. *(ausdrückliche Rechtsscheinssetzung).*

Beispiel 2: Nichtkaufmann Klein erteilt seinem Auszubildenden A Prokura *(konkludente Rechtsscheinssetzung).*

3. Wann ist die Setzung des Rechtsscheins *zurechenbar*?

Die Zurechenbarkeit der Setzung des Rechtsscheines ist gegeben, wenn der Betroffene diesen entweder selber durch sein Verhalten gesetzt hat oder ihn durch pflichtwidriges Unterlassen nicht zerstört hat. Soweit der Betroffene den Rechtsschein selbst gesetzt hat, kommt es für die Zurechenbarkeit auf ein Verschulden seinerseits nicht an. Soweit der Rechtsschein durch einen Dritten gesetzt wurde, verlangt die h.M., dass der Betroffene das Verhalten des Dritten entweder kannte oder hätte kennen können.

4. Wann ist ein Dritter schutzwürdig?

Ein Dritter kann nur dann schutzwürdig bezüglich seines Vertrauens auf den zurechenbar gesetzten Rechtsschein sein, wenn er gutgläubig ist. Zwar ist die Gutgläubigkeit des Dritten im Zweifel zu vermuten, doch ist der Dritte dann nicht gutgläubig, wenn er entweder Kenntnis oder grob fahrlässige Unkenntnis von der fehlenden Kaufmannseigenschaft hatte. Nach wohl h.M. schadet sogar schon die fahrlässige Unkenntnis. Eine Pflicht zur Nachforschung für den Dritten besteht nur bei sich aufdrängenden Anhaltspunkten.

5. Welche Rechtsfolgen ergeben sich aus der Scheinkaufmannseigenschaft?

Wesentlich ist zunächst, dass ein Scheinkaufmann kein Kaufmann im Sinne der §§ 1 – 6 HGB ist. Vielmehr muss er sich nur von gutgläubigen Dritten als Kaufmann behandeln lassen, nicht jedoch gegenüber unbeteiligten Dritten. Zudem hat der Dritte ein Wahlrecht, ob er sich auf die Scheinkaufmannseigenschaft berufen möchte. Hieraus folgt, dass im Zweifel die Scheinkaufmannseigenschaft nur zugunsten und nicht zulasten des gutgläubigen Dritten wirkt.

6. Worin liegen die wesentlichen Unterschiede zwischen Scheinkaufmann und Fiktivkaufmann nach § 5 HGB?

Unter § 5 HGB fallende Personen sind tatsächlich Kaufmann, Scheinkaufleute werden hingegen nur behandelt als wären sie Kaufmann. Bei der Lehre vom Scheinkaufmann geht es daher mithin nur um eine Rechtsscheinshaftung. Zudem wirkt die Scheinkaufmannseigenschaft nur zulasten des Betroffenen und nicht ggf. auch zu seinen Gunsten, wie die Kaufmannseigenschaft nach § 5 HGB.

7. Wie ist das Verhältnis zwischen der Lehre vom Scheinkaufmann und §§ 5, 15 HGB?

Die Begründung der Kaufmannseigenschaft nach § 5 HGB ist im Verhältnis zur Lehre vom Scheinkaufmann vorrangig, insoweit ist letztere subsidiär. Gleiches gilt auch für die der Lehre vom Scheinkaufmann vorgehende Regelung des § 15 HGB.

Literatur
- Jung, Handelsrecht, 6. Auflage 2007, Kapitel 2
- Henssler, Gewerbe, Kaufmann und Unternehmen – Herkunft und Zukunft der subjektiven Anknüpfung des Handelsrechts, ZHR 161 (1997), 13 ff.
- Körber, Änderungen im Handels- und Gesellschaftsrecht durch das Handelsrechtsreformgesetz, Jura 1998, 452 ff.
- Lettl, Handelsrecht, 1. Auflage 2007, § 2
- Lieb, Probleme des neuen Kaufmannsbegriffs, NJW 1999, 95 ff.
- Mönkemöller, Die „Kleingewerbetreibenden" nach dem neuen Kaufmannsrecht, JuS 2002, 30 ff.
- Nickel, Der Scheinkaufmann, JA 1980, 566 ff.
- Petersen, Kaufmannsbegriff und Kaufmannseigenschaft nach dem Handelsgesetzbuch, Jura 2005, 831 ff.
- Schulz, Die Neuregelung des Kaufmannsbegriffs, JA 1998, 890 ff.

C. Das Handelsregister

I. Grundlagen

1. Was versteht man unter dem Begriff Handelsregister?

Das Handelsregister ist ein bei den Amtsgerichten öffentlich geführtes Register, welches bestimmte rechtserhebliche Tatsachen enthält, die im Handelsverkehr von Relevanz sind. Aus der Öffentlichkeit des Handelsregisters folgt, dass jedermann das Recht hat, in das Handelsregister Einsicht zu nehmen und Abschriften hiervon zu fertigen. Seit dem 01.01.2007 ist eine Internet-Einsichtnahme möglich unter www.unternehmensregister.de.

2. Welche Aufteilung findet sich im Handelsregister?

Das Handelsregister ist in zwei Abteilungen aufgeteilt. In Abteilung A werden Tatsachen über Einzelkaufleute, über die OHG, die KG und die juristischen Personen des öffentlichen Rechts eingetragen, in Abteilung B die über Kapitalgesellschaften und Versicherungsvereine auf Gegenseitigkeit.

Nicht im Handelsregister eingetragen werden Tatsachen über Genossenschaften und Partnerschaftsgesellschaften. Hierfür werden jeweils eigene Register geführt.

3. Welchen Zweck hat das Handelsregister?

Das Handelsregister hat im Wesentlichen vier Funktionen:

- *Publizitätsfunktion* – Durch das Handelsregister werden wesentliche Rechtsverhältnisse (insbesondere Vertretungs- und Haftungsverhältnisse) der Kaufleute offen gelegt. Es kann nach § 9 Abs. 1 HGB von jedem auch ohne besonderes Interesse eingesehen werden.

- *Kontrollfunktion* – Durch das Verfahren des Registergerichtes wird überprüft, ob die formellen und materiellen Voraussetzungen im Hinblick auf eine Eintragung erfüllt sind.

- *Publikationsfunktion* – Das Handelsregister eröffnet dem Kaufmann die Möglichkeit, bestimmte Tatsachen öffentlich bekannt zu machen. Dies ist vor allem wesentlich vor dem Hintergrund der Rechtsfolgen des § 15 Abs. 2 HGB.

- *Beweisfunktion* – Eine Eintragung in das Handelsregister kann im Rahmen einer Prozessführung oder im Rechtsverkehr den Beweis eingetragener Tatsachen erleichtern. Ein Registerauszug ist eine öffentliche Urkunde im Sinne von § 415 ZPO und liefert einen Beweis des ersten Anscheins.

4. Welche Fälle sind in § 15 HGB geregelt?

Die Vorschrift des § 15 HGB regelt drei Fälle:

1. In § 15 Abs. 1 HGB wird der Fall behandelt, dass eine wahre Tatsache nicht eingetragen und bekannt gemacht worden ist (sog. negative Publizität).

2. § 15 Abs. 2 S. 1 HGB regelt den Fall ordnungsgemäß eingetragener und bekannt gemachter Tatsachen. Diese muss ein Dritter grundsätzlich gegen sich gelten lassen. Eine Ausnahme kann sich allenfalls aus § 15 Abs. 2 S. 2 HGB ergeben.

3. Nach § 15 Abs. 3 HGB können sich gutgläubige Dritte trotz der unrichtigen Bekanntgabe einer Tatsache auf diese Unrichtigkeit berufen (sog. positive Publizität).

II. Negative Registerpublizität (§ 15 Abs. 1 HGB)

1. Was wird durch § 15 Abs. 1 HGB geschützt?

Durch § 15 Abs. 1 HGB soll das Vertrauen auf die Vollständigkeit des Handelsregisters geschützt werden. Ein gutgläubiger Dritter braucht nicht mit Sachverhalten zu rechnen, die trotz des Bestehens einer Eintragungspflicht nicht eingetragen worden sind. Durch § 15 Abs. 1 HGB wird allerdings nicht das Vertrauen auf die Richtigkeit des Handelsregisters geschützt. Ein Dritter kann sich danach auf das „Schweigen" des Handelsregisters verlassen, nicht jedoch auf sein „Reden".

Beispiel 1: P ist Prokurist der A-GmbH. Die Prokura ist ordnungsgemäß nach § 53 Abs. 1 HGB in das Handelsregister eingetragen. Geschäftsführer G entzieht P die Prokura, vergisst aber, das Erlöschen der Prokura zum Handelsregister anzumelden. - In diesem Fall ist ein gutgläubiger Dritter über § 15 Abs. 1 HGB geschützt, er kann darauf vertrauen, dass die Prokura nach wie vor besteht.

Beispiel 2: Zu Gunsten des P wird die Prokura in das Handelsregister eingetragen und bekannt gemacht. In Wahrheit wurde die Prokura aber nie erteilt. - In diesem Fall liegen die Eintragung und Bekanntmachung einer unrichtigen Tatsache vor. Ein gutgläubiger Dritter wäre in diesem Fall nicht geschützt, da § 15 Abs. 1 HGB nicht das Vertrauen in die Richtigkeit des Handelsregisters schützt.

2. Unter welchen Voraussetzungen greift § 15 Abs. 1 HGB ein?

Die Voraussetzungen für das Eingreifen von § 15 Abs. 1 HGB sind (zugleich Prüfungsschema):

a) Eintragungspflichtige Tatsache
b) Fehlende Eintragung oder Bekanntmachung
c) Angelegenheit des Betroffenen
d) Gutgläubigkeit des Dritten
e) Handeln im Geschäftsverkehr

3. Was ist eine *eintragungspflichtige* Tatsache?

Eintragungs*pflichtige* Tatsachen sind von bloßen eintragungs*fähigen* Tatsachen zu unterscheiden. Ob eine Tatsache eintragungspflichtig oder lediglich eintragungsfähig ist, ergibt sich aus dem Wortlaut der entsprechenden Norm. Bei eintragungspflichtigen Tatsachen findet sich im Wortlaut der Norm die Formulierung „ist anzumelden" (vgl. etwa §§ 29, 31, 32, 53 HGB). Bei den eintragungspflichtigen Tatsachen kommt es nach h.M. wegen des eindeutigen Wortlauts des § 15 Abs. 1 HGB nicht auf die Differenzierung zwischen konstitutiven und deklaratorischen Eintragungen an (a.A. etwa K. Schmidt, der § 15 Abs. 1 HGB nur auf eintragungspflichtige, deklaratorischen Eintragungen anwenden will).

4. Was versteht man unter der sog. sekundären Unrichtigkeit des Handelsregisters? Besteht in diesem Fall eine Eintragungspflicht?

Eine sog. sekundäre Unrichtigkeit des Handelsregisters liegt vor, wenn bereits eine Voreintragung, die nunmehr beseitigt werden soll, fehlt.

Beispiel: Die erteilte Prokura des Prokuristen P wurde nicht im Handelsregister eingetragen und bekannt gemacht. Diese wird nunmehr widerrufen.

In diesen Fallkonstellationen ist stets fraglich, ob bezüglich der Beseitigung der Tatsache (im Beispiel also das Erlöschen der Prokura) eine Eintragungspflicht besteht. In dieser Situation könnte man vertreten, dass das Handelsregister am Ende auch ohne eine Eintragung mit der wirklichen Rechtslage übereinstimmt, sodass letztendlich eine weitere Eintragung nicht notwendig ist. Die h.M. nimmt dennoch eine Eintragungspflicht an, da ein Dritter auch anderweitig Kenntnis von dem nicht voreingetragenen Umstand erlangt haben könnte.

Beispiel: Im oben genannten Bespiel könnte die Eintragung lauten: „Die erteilte, aber nicht eingetragene Prokura ist erloschen."

5. Wann liegt eine *fehlende Eintragung oder Bekanntmachung* vor?

Die fehlende Eintragung oder Bekanntmachung iSv § 15 Abs. 1 HGB liegt vor, wenn eine Tatsache noch gar nicht eingetragen wurde oder aber eingetragen, aber noch nicht bekannt gemacht worden ist. Wesentlich ist dabei, dass es nicht auf ein Verschulden des zur Eintragung Verpflichteten ankommt. Die Vorschrift des § 15 Abs. 1 HGB ist daher unter anderem auch dann anwendbar, wenn die Eintragung zwar beantragt, aber aufgrund der Langwierigkeit des Registerverfahrens hinausgezögert wurde.

6. Wer ist *Dritter* iSv § 15 Abs. 1 HGB?

Dritter iSv § 15 Abs. 1 HGB ist jede außenstehende Person, die von der einzutragenden Tatsache weder selbst noch mittelbar betroffen ist.

7. Wann liegt die notwendige *Gutgläubigkeit* des Dritten vor?

Die notwendige Gutgläubigkeit iSv § 15 Abs. 1 HGB liegt vor, wenn dem Dritten, der sich auf § 15 Abs. 1 HGB berufen möchte, die einzutragende Tatsache nicht bekannt war. In diesem Sinne schadet nur die positive Kenntnis bezüglich der Tatsache. Grob fahrlässige Unkenntnis hingegen ist unschädlich.

8. Warum gilt § 15 Abs. 1 HGB nur *im Geschäftsverkehr?*

Als ungeschriebene Voraussetzung verlangt § 15 Abs. 1 HGB ein Handeln im Geschäftsverkehr (rechtsgeschäftlicher Verkehr, Prozesshandlungen). Dies wird damit begründet, dass § 15 Abs. 1 HGB einen abstrakten Vertrauensschutz gewähren soll. Die Bildung von abstraktem Vertrauen muss dabei aber wenigstens theoretisch möglich sein, was aber nur der Fall ist, wenn ein vom Willen gesteuertes freiwilliges Verhalten vorliegt. Daher ist § 15 Abs. 1 HGB bei deliktischen Ansprüchen nicht anwendbar.

9. Welche Rechtsfolgen ergeben sich aus § 15 Abs. 1 HGB?

Sofern die Voraussetzungen des § 15 Abs. 1 HGB erfüllt sind, können die nicht eingetragenen bzw. bekannt gemachten Tatsachen einem Dritten nicht entgegen gehalten werden. Dem Dritten steht in dieser Situation ein Wahlrecht zu, er kann sich sowohl auf den Inhalt des Handelsregisters berufen, aber auch die tatsächliche Rechtslage gelten lassen.

Beispiel: Dem Prokuristen P wurde durch den Kaufmann K die ordnungsgemäß erteilte, eingetragene und bekannt gemachte Prokura wieder entzogen. Dies wurde seinerseits aber weder eingetragen noch bekannt gemacht. - Ein Dritter kann sich also – sofern die Voraussetzungen des § 15 Abs. 1 HGB erfüllt sind, auf die sich aus dem Handelsregister ergebende Rechtslage berufen. Danach muss sich K so behandeln lassen, als ob P noch Prokurist wäre. Alternativ kann sich ein Dritter auch auf die tatsächliche Rechtslage berufen. Wegen des materiell wirksamen Widerrufes der Prokura hätte P als Vertreter ohne Vertretungsmacht gehandelt und müsste nach § 179 Abs. 1 BGB gegenüber dem Dritten haften.

10. Was versteht man unter der sog. Rosinentheorie?

Die sog. Rosinentheorie besagt, dass sich ein Dritter auch nur teilweise auf das ihm nach § 15 Abs. 1 HGB zustehende Wahlrecht berufen kann, er sich also teilweise auf die Rechtslage, die sich aus dem Handelsregister ergibt, und teilweise auf die tatsächliche Rechtslage berufen kann.

Beispiel: A und B sind Gesellschafter einer OHG und nur gemeinsam zur Geschäftsführung berechtigt. B scheidet aus der Gesellschaft aus. Das Ausscheiden des B aus der OHG wird allerdings nicht eingetragen. B wird von einem Dritten aus einem Kaufvertrag in Anspruch genommen, den A nach dessen Ausscheiden geschlossen hat.
Würde der Dritte bei der Ausübung seines Wahlrechtes auf die sich aus dem Handelsregister ergebende Rechtslage abstellen, so würde B nicht haften. A besitzt aufgrund der nicht gelöschten, aber sich nach wie vor aus dem Handelsregister ergebenden Gesamtvertretungsmacht keine Alleinvertretungsmacht für die OHG.

Bei einem Abstellen auf die tatsächliche Rechtslage würde B ebenfalls nicht haften. A hätte zwar Alleinvertretungsmacht, B wäre aber nach materieller Rechtslage kein Gesellschafter mehr und würde daher nicht mehr haften. Eine Haftung des B käme also nur in Betracht, wenn es zulässig wäre, sich teilweise auf die tatsächliche Rechtslage und teilweise auf diejenige, die sich aus dem Handelsregister ergibt, zu berufen.

Ob ein solches Vorgehen zulässig ist, wird unterschiedlich beurteilt. Nach der Rechtsprechung und einem Teil des Schrifttums ist das teilweise Ausüben des Wahlrechtes nach § 15 Abs. 1 HGB möglich. Dies wird damit begründet, dass § 15 Abs. 1 HGB nur zum Vorteil des Dritten eingreifen könne und nicht zu dessen Nachteil (Meistbegünstigungsprinzip).

Nach der Gegenansicht ist das Handelsregister allerdings in seiner Gesamtheit zu würdigen. Derjenige, der sich auf eine bestimmte Tatsache berufe, die Inhalt des Handelsregisters sei, müsse sich entsprechend dem Gesamtinhalt des Registers behandeln lassen. Hierfür ergeben sich aber keine Anhaltspunkte aus dem Gesetz. Zudem wird von der zweiten Ansicht auch verkannt, dass die Vorschrift des § 15 Abs. 1 HGB nicht verlangt, dass der Dritte auch tatsächlich in das Handelsregister eingesehen hat.

Bei der Vorschrift des § 15 Abs. 1 HGB geht es vielmehr um abstrakten Vertrauensschutz. Weiterhin spricht auch der Schutzzweck des § 15 Abs. 1 HGB gegen die zweite Ansicht, da § 15 Abs. 1 HGB nur zum Vorteil Dritten und gerade nicht zu dessen Nachteil eingreifen soll. Die erste dargestellte Ansicht ist daher vorzugswürdig.

11. Wo ist § 15 Abs. 1 HGB im Fallaufbau zu prüfen?

Der fragliche Anspruch ist bis zu der Stelle zu prüfen, an der er aufgrund der tatsächlichen materiellen Rechtslage scheitert. An dieser Stelle ist dann zu prüfen, ob sich über § 15 Abs. 1 HGB nicht ein abweichendes Ergebnis herausstellen kann.

III. Wirkung eingetragener und bekannt gemachter Tatsachen (§ 15 Abs. 2 HGB)

1. Welchen Zweck verfolgt § 15 Abs. 2 HGB?

Nach § 15 Abs. 2 S. 1 HGB muss ein Dritter eine in das Handelsregister eingetragene und bekannt gemachte Tatsache gegen sich gelten lassen. Mithin verfolgt § 15 Abs. 2 S. 1 HGB den Zweck, dass für eingetragene und bekannt gemachte Tatsachen die Vermutung gilt, dass diese einem Dritten auch bekannt sind. Dies stellt quasi den Gegensatz zu § 15 Abs. 1 HGB dar, wonach für nicht eingetragene und bekannt gemachte Tatsachen vermutet wird, dass diese einem Dritten unbekannt sind. Mithin folgt hieraus der Grundsatz, dass man den Inhalt des Handelsregisters kennen muss und sich auf einen gegenteiligen Rechtsschein grundsätzlich nicht berufen kann.

2. Unter welchen Voraussetzungen greift § 15 Abs. 2 S. 1 HGB ein?

Die Voraussetzungen für das Eingreifen von § 15 Abs. 2 S. 1 HGB sind (zugleich Prüfungsschema):

a) Eintragungspflichtige Tatsache
b) Eintragung oder Bekanntmachung
c) Kein Eingreifen von § 15 Abs. 2 S. 2 HGB

3. Welche Ausnahme regelt § 15 Abs. 2 S. 2 HGB?

Nach § 15 Abs. 2 S. 2 HGB greift die Vorschrift § 15 Abs. 2 S. 1 HGB bei Rechtshandlungen des Dritten, die innerhalb von fünfzehn Tagen nach der Bekanntmachung der Tatsache vorgenommen worden sind, nicht ein, sofern er beweist, dass er die Tatsache weder kannte noch kennen musste.

IV. Positive Registerpublizität (§ 15 Abs. 3 HGB)

1. Welchen Zweck verfolgt § 15 Abs. 3 HGB?

Durch § 15 Abs. 3 HGB kann ein Dritter geschützt werden, der sich gutgläubig auf eine bekannt gemachte Tatsache verlässt. Dementsprechend wird durch die Vorschrift der gute Glaube an die Richtigkeit von eintragungspflichtigen Tatsachen geschützt, die entsprechend § 10 HGB bekannt gemacht worden sind (positive Publizität).

2. Unter welchen Voraussetzungen greift § 15 Abs. 3 HGB ein?

Die Voraussetzungen für das Eingreifen von § 15 Abs. 3 HGB sind (zugleich Prüfungsschema):

a) Eintragungspflichtige Tatsache
b) Unrichtige Bekanntmachung der Tatsache
c) Zurechung der unrichtigen Bekanntmachung
d) Unkenntnis von der Unrichtigkeit der Bekanntmachung
e) Handeln im Geschäftsverkehr

3. Auf welche Art von Tatsachen bezieht sich § 15 Abs. 3 HGB?

Die Vorschrift des § 15 Abs. 3 HGB bezieht sich ebenso wie § 15 Abs. 1 HGB auf eintragungspflichtige Tatsachen (vgl. zum Begriff der eintragungspflichtigen Tatsache oben C. II. 3., S. 22). Bei § 15 Abs. 3 HGB kommt es darauf an, dass die Tatsache bei Unterstellung ihrer Richtigkeit eintragungspflichtig wäre (sog. abstrakt richtige Tatsache).

4. Wann ist eine Tatsache *unrichtig bekannt gemacht*?

Eine unrichtige Bekanntmachung im Sinne von § 15 Abs. 3 HGB liegt vor, wenn sie mit der wirklichen Sach- oder Rechtslage nicht übereinstimmt. Dies kann in drei Fällen gegeben sein:

- die Eintragung im Handelsregister ist richtig, die Bekanntmachung hingegen weicht hiervon ab,

- die Eintragung im Handelsregister fehlt, es wird etwas bekannt gemacht, was nicht eingetragen ist,

- die Eintragung im Handelsregister und die Bekanntmachung stimmen zwar überein, sind aber beide falsch.

5. Ist die Zurechenbarkeit der Bekanntmachung Voraussetzung für ein Eingreifen von § 15 Abs. 3 HGB?

Bei einem Abstellen auf den Wortlaut des § 15 Abs. 3 HGB würde die Vorschrift auch zu Lasten von gänzlich Unbeteiligten eingreifen. Daher wird von der h.M. verlangt, dass die Bekanntmachung durch den Betroffenen zumindest mittelbar zurechenbar veranlasst worden ist. Die Veranlassung ist dabei schon durch das Stellen eines richtigen Eintragungsantrages gegeben.

Beispiel: A und B gründen eine OHG. Aufgrund einer Nachlässigkeit des Rechtspflegers wird C als Gesellschafter in das Handelsregister eingetragen. C kennt weder A und B, noch die OHG. Gläubiger der OHG möchten C in Anspruch nehmen. - Mangels Zurechenbarkeit der Eintragung kommt eine Haftung aus § 128 HGB iVm § 15 Abs. 3 HGB nicht in Betracht.

6. Wann liegt die notwendige Unkenntnis des Dritten von der Unrichtigkeit der Bekanntmachung vor?

Der Dritte darf keine positive Kenntnis von der Unrichtigkeit der Bekanntmachung haben, fahrlässige Unkenntnis hingegen genügt nicht. Durch die Formulierung „es sei denn" in § 15 Abs. 3 HGB wird klargestellt, dass die Unkenntnis des Dritten widerleglich vermutet wird.

7. Welche Rechtsfolgen ergeben sich aus § 15 Abs. 3 HGB?

Sofern die Voraussetzungen von § 15 Abs. 3 HGB erfüllt sind, steht dem Dritten genau wie bei § 15 Abs. 1 HGB ein Wahlrecht zu. Er kann sich also entweder auf die unrichtig bekannt gemachte Tatsache oder aber auf die tatsächliche materielle Rechtslage berufen.

Literatur
- Canaris, Handelsrecht, 24. Auflage 2006, § 5
- Haager, Das Handelsregister, Jura 1992, 57 ff.
- Hofmann, Das Handelsregister und seine Publizität, JA 1980, 264 ff.
- Jung, Handelsrecht, 6. Auflage 2007, Kapitel 3
- Müller-Feldhammer, Grundzüge des Handelsregisterverfahrens, JA 1998, 873 ff.
- Tröller, Die Publizität des Handelsregisters, § 15 HGB, JA 2000, 27 ff.

D. Die Firma

I. Grundlagen

1. Was versteht man unter dem Begriff der „Firma"?

Nach § 17 Abs. 1 HGB ist die Firma der Name des Kaufmannes, unter der er seine Geschäfte betreibt, also im Rechtsverkehr auftritt und seine Unterschrift abgibt. Unter seiner Firma kann der Kaufmann nach § 17 Abs. 2 HGB klagen oder verklagt werden.

2. Welche Bestandteile muss die Firma enthalten?

Die Firma enthält zunächst nach § 18 Abs. 1 HGB einen den Kaufmann kennzeichnenden Teil und weiterhin einen Rechtsformzusatz nach § 19 HGB (Einzelkaufmann, OHG, KG), § 4 GmbHG (GmbH), § 4 AktG (AG), § 279 AktG (KGaA) oder § 3 GenG (Genossenschaft).

3. Welche Grundsätze gelten bei der Firmenbildung?

Die Firma kann durch den Kaufmann nicht willkürlich gewählt werden, vielmehr gelten bei Bildung der Firma folgende Grundsätze:

- *Firmenunterscheidbarkeit* – Die Firma muss nach § 18 Abs. 1 HGB Unterscheidungskraft besitzen und zur Kennzeichnung geeignet sein. Weiterhin muss sich eine neue Firma nach § 30 Abs. 1 HGB von allen anderen am selben Ort eingetragenen Firmen deutlich unterscheiden.

- *Firmenwahrheit* – Gemäß § 18 Abs. 2 HGB darf die Firma weiterhin keine irreführenden Angaben enthalten.

- *Firmenbeständigkeit* – Trotz Veränderung des Unternehmensträgers oder des durch diesen betriebenen Unternehmens darf die Firma unverändert bestehen bleiben. Dies gilt gemäß § 21 HGB bei Namensänderungen und gemäß §§ 22, 24 HGB trotz eines Inhaberwechsels.

- *Firmeneinheit* – Der Unternehmensträger darf für ein Unternehmen nur eine Firma führen. Ausnahmen hiervon sind jedoch bei Zweigniederlassungen denkbar.

4. Welche Funktionen hat die Firma?

Die Firma hat zunächst Kennzeichnungs- bzw. Unterscheidungsfunktion. Sie dient nämlich der Identifikation des Kaufmanns im Handelsverkehr und soll ihn von anderen unterscheiden. Weiterhin kommt der Firma auch eine Auskunftsfunktion zu. Aus dem Rechtsformzusatz ergeben sich insbesondere die Haftungsverhältnisse des Unternehmensträgers.

5. Wie ist die Firma von der Marke und der bloßen Geschäftsbezeichnung abzugrenzen?

Im Gegensatz zur Firma kennzeichnet die Marke nur eine bestimmte Ware oder Dienstleistung. Zweck der Marke ist, eine Abgrenzung von Waren oder Dienstleistungen anderer Hersteller zu ermöglichen.

Die bloße *Geschäftsbezeichnung* weist im Gegensatz zur Firma nicht auf den Unternehmensträger hin, sondern auf das Unternehmen selbst.

Beispiel: Die Brauerei A OHG (Firma) betreibt in der Stadt K den Ratskeller (Geschäftsbezeichnung) und das Restaurant „Zum Hirsch" (Geschäftsbezeichnung).

II. Schutz der Firma

1. Welche Möglichkeiten des Firmenschutzes gibt es?

Beim Schutz der Firma ist zwischen dem registerrechtlichen Firmenschutz nach § 37 Abs. 1 HGB (Firmenmissbrauchsverfahren) und dem privatrechtlichen Firmenschutz zu unterscheiden. Privatrechtlicher Firmenschutz kann sich vor allem aus § 37 Abs. 2 HGB, § 15 MarkenG oder § 12 BGB ergeben.

III. Firmenfortführung durch rechtsgeschäftlichen Erwerber

1. Welche Regelungen werden in § 25 Abs. 1 HGB getroffen?

§ 25 Abs. 1 S. 1 HGB ordnet die Haftung des Erwerbers eines Handelsgeschäftes für Verbindlichkeiten an, die vor dem Erwerb durch den früheren Geschäftsinhaber begründet worden sind. Voraussetzung ist, dass der Erwerber die bisherige Firma fortführt. Durch § 25 Abs. 1 S. 2 HGB wird zum Schutz des Schuldners der Übergang der vor dem Erwerb begründeten Forderungen fingiert („gelten als übergegangen").

2. Unter welchen Voraussetzungen greift § 25 Abs. 1 S. 1 HGB ein?

Die Voraussetzungen für das Eingreifen von § 25 Abs. 1 S. 1 HGB sind (zugleich Prüfungsschema):

a) Vorliegen eines Handelsgeschäftes
b) Erwerb des Geschäftes unter Lebenden
c) Fortführung des Handelsgeschäftes
d) Fortführung der Firma
e) Keine abweichende Vereinbarung nach § 25 Abs. 2 HGB

3. Wann liegt ein *Handelsgeschäft* im Sinne von § 25 Abs. 1 S. 1 HGB vor?

Ein Handelsgeschäft im Sinne von § 25 Abs. 1 S. 1 HGB liegt vor, wenn der Veräußerer Kaufmann im Sinne der §§ 1 ff. HGB ist. Er muss also ein Handelsgewerbe nach § 1 HGB betreiben oder aber einen der Tatbestände der §§ 2, 3, 5 oder 6 HGB erfüllen. Dieses Handelsgeschäft muss durch den Veräußerer zum Zeitpunkt des Erwerbes schon oder noch betrieben werden.

4. Wann liegt der *Erwerb eines Handelsgeschäftes unter Lebenden* vor?

Der Erwerb eines Handelsgeschäftes im Sinne von § 25 Abs. 1 S. 1 HGB ist jede Unternehmensübertragung oder -überlassung. Entscheidend ist dabei der Wechsel des Unternehmensträgers.

Dieser muss entweder dauerhaft oder zumindest vorübergehend sein, sodass neben einem Kauf oder einer Schenkung auch Pacht oder Nießbrauch für den Erwerb im Sinne von § 25 Abs. 1 S. 1 HGB ausreichen.

Nicht unter § 25 Abs. 1 S. 1 HGB fällt der Erwerb des Handelsgeschäftes von einem Insolvenzverwalter. Wäre dies nämlich der Fall, so wäre ein solches Handelsgeschäft praktisch unverkäuflich, da der Erwerber ansonsten für alle Verbindlichkeiten haften würde, die der insolvente und damit zahlungsunfähige oder überschuldete Kaufmann eingegangen ist.

5. Wann liegt die *Fortführung eines Handelsgeschäftes* im Sinne von § 25 Abs. 1 S. 1 HGB vor?

Das Handelsgeschäft wird fortgeführt, wenn jedenfalls der wesentliche Kern des Unternehmens fortgeführt wird. Es kommt dabei darauf an, dass sich nach außen der Anschein ergibt, dass eine Weiterführung des Unternehmens in seinem wesentlichen Bestand erfolgt.

Eine Fortführung des Handelsgeschäftes ist allerdings dann nicht gegeben, wenn eine Stilllegung des Handelsgeschäftes vorliegt. Diese muss sofort und dauerhaft erfolgen, weswegen auch ein nur kurzfristiges Fortführen für den Tatbestand des § 25 Abs. 1 S. 1 HGB ausreichend ist. Nicht ausreichend für eine Stilllegung im erforderlichen Maße ist die nur vorübergehende Einstellung des Handelsgeschäftes.

6. Wann liegt die *Fortführung einer Firma* im Sinne von § 25 Abs. 1 S. 1 HGB vor?

Bei der Frage der Fortführung der Firma kommt es auf die Firmenidentität nach dem Erwerb aus der Perspektive der Verkehrsanschauung an. Ausreichend dabei ist, dass sich der Kern der alten und neuen Firma in ihrem prägenden Teil gleicht, eine wort- und buchstabengetreue Übereinstimmung ist aber nicht erforderlich. Nach dem Wortlaut des § 25 Abs. 1 S. 1 HGB schadet auch die Beifügung eines Nachfolgezusatzes nicht.

Entscheidend ist insgesamt die tatsächliche Fortführung aus Sicht der Verkehrsanschauung. Unerheblich ist deswegen, ob die vorher oder jetzt geführte Firma im Handelsregister eingetragen, unzulässig oder gar verboten ist. Weiterhin spielt es keine Rolle, ob die Fortführung der Firma im Verhältnis zum bisherigen Inhaber berechtigt ist.

Beispiel: A und B erwerben von C die Firma Fleisch- und Wurstwarenhandel C e.K. und führt diese unter der Firma Fleisch- und Wurstwarenhandel C OHG gemeinsam fort.

7. Wann greift § 25 Abs. 2 HGB ein?

Das Eingreifen des Haftungsausschlusses nach § 25 Abs. 2 HGB setzt neben einer Vereinbarung zwischen Veräußerer und Erwerber des Handelsgeschäftes eine entsprechende Eintragung und Bekanntmachung im Handelsregister oder alternativ eine Mitteilung an den Dritten voraus. Die Eintragung und Bekanntmachung des Haftungsausschlusses im Handelsregister oder dessen Mitteilung an einen Dritten müssen mit der Geschäftsübernahme zusammen fallen. Bezüglich der Eintragung und Bekanntmachung im Handelsregister ist es auch ausreichend, wenn die Anmeldung zum Handelsregister unverzüglich nach der Übernahme erfolgt.

8. Wie wirkt sich die Vereinbarung eines Haftungsausschlusses zwischen Veräußerer und Erwerber aus, der ausschließlich im Innenverhältnis besteht?

Ist ein vereinbarter Haftungsausschluss des Erwerbers gegenüber einem Dritten weder nach § 25 Abs. 2 HGB im Handelsregister eingetragen und bekannt gemacht, noch dem Dritten mitgeteilt, so wirkt dieser nur inter partes. Dies hat zur Konsequenz, dass der Dritte zwar den Erwerber in Anspruch nehmen kann, der Veräußerer aber schuldrechtlich dazu verpflichtet ist, den Erwerber von der diesen treffenden Haftung freizustellen.

9. Welche Rechtsfolgen ergeben sich aus § 25 Abs. 1 S. 1 HGB?

Als Rechtsfolge sieht § 25 Abs. 1 S. 1 HGB vor, dass der Erwerber des Handelsgeschäftes für alle im Betrieb des Handelsgeschäftes begründeten Verbindlichkeiten des früheren Inhabers haftet. Auf den Rechtsgrund der Verbindlichkeit kommt es dabei nicht an, der Erwerber haftet also nicht nur für vertragliche Primär- und Sekundäransprüche, sondern etwa auch für deliktische Ansprüche gegen den Veräußerer.

Eine Forderung ist dabei im Sinne des § 25 Abs. 1 S. 1 HGB im Betrieb des Geschäftes begründet, wenn es sich um ein Handelsgeschäft im Sinne von §§ 343 Abs. 1, 344 HGB handelt. Von der Haftung nicht betroffen sind Privatgeschäfte und Geschäfte anderer Unternehmen des Veräußerers. Bei Dauerschuldverhältnissen haftet der Erwerber jedenfalls für Leistungen eines Dritten, die vor dem Unternehmensübergang an den Veräußerer erbracht worden sind. Nach der h.M. haftet der Erwerber für nach dem Geschäftsübergang erbrachte Leistungen nur dann, wenn er und nicht der Veräußerer einen Anspruch auf die Gegenleistung hat. Dies wird mit einer teleologischen Reduktion des § 25 Abs. 1 S. 1 HGB begründet. Die tatsächliche Entgegennahme der Leistung reicht entgegen einer Mindermeinung allerdings nicht aus.

Der Erwerber kann allerdings auch dem Gläubiger gegenüber alle Einreden geltend machen, die in seiner Person begründet sind oder aber vor dem Inhaberwechsel dem Veräußerer zustanden.

10.   Haftet trotz § 25 Abs. 1 S. 1 HGB auch der Veräußerer des Handelsgeschäftes für Forderungen?

Bei der Haftung nach § 25 Abs. 1 S. 1 HGB handelt es sich nach der h.M. um einen gesetzlichen Schuldbeitritt. Daher haftet auch der frühere Inhaber des Handelsgeschäftes in vollem Umfang als Gesamtschuldner im Sinne der §§ 421 ff. BGB. Allerdings ist die Haftung des früheren Inhabers des Handelsgeschäftes über § 26 HGB zeitlich begrenzt.

11.   Wo ist § 25 Abs. 1 S. 1 HGB in der Fallprüfung zu verorten?

Aufgrund der Tatsache, dass es sich bei § 25 Abs. 1 S. 1 HGB um einen gesetzlichen Schuldbeitritt handelt, sind die Voraussetzungen immer im Zusammenhang mit einer konkreten Anspruchsgrundlage zu prüfen.

Beispiel: A führt nach dem Erwerb des Handelsgeschäftes die Firma des früheren Inhabers B fort. B hat vor dem Erwerb einen Kaufvertrag mit C abgeschlossen. Anspruchsgrundlage von C gegen A auf Kaufpreiszahlung ist § 433 Abs. 2 BGB iVm § 25 Abs. 1 S. 1 HGB.

12. Unter welchen Voraussetzungen greift § 25 Abs. 1 S. 2 HGB ein?

Die Voraussetzungen für das Eingreifen von § 25 Abs. 1 S. 2 HGB sind (zugleich Prüfungsschema):

a) Vorliegen der Voraussetzungen des § 25 Abs. 1 S. 1 HGB
b) Im Betrieb begründete Forderung
c) Einwilligung des bisherigen Inhabers in die Firmenfortführung
d) Keine abweichende Vereinbarung nach § 25 Abs. 2 HGB

Sofern die Anwendung der Vorschrift des § 25 Abs. 1 S. 2 HGB in Betracht kommt, sind zunächst sämtliche Voraussetzungen von § 25 Abs. 1 S. 1 HGB zu prüfen (a). Vgl. hierzu oben D. III. 2., S. 31. Auch bezüglich der abweichenden Vereinbarung (d) gilt das oben unter D. III. 7., S. 33 Gesagte.

13. Wann liegt *eine im Betrieb begründete Forderung* im Sinne von § 25 Abs. 1 S. 2 HGB vor?

Zu den im Betrieb begründeten Forderungen gehören – wie bereits bei D.III.9., S. 33 dargestellt - alle betriebsbezogenen Forderungen (§§ 343 Abs. 1, 344 HGB), sowie deliktische Forderungen des früheren Inhabers. Wesentlich ist dabei, dass kein Abtretungsverbot besteht und die Forderung formfrei (z.B. nicht bei hypothekarisch gesicherten Forderungen) übertragbar ist.

14. Wann liegt die nach § 25 Abs. 1 S. 2 HGB erforderliche *Einwilligung* vor?

Für das Eingreifen von § 25 Abs. 1 S. 2 HGB ist – anders als für § 25 Abs. 1 S. 1 HGB – die Einwilligung des bisherigen Inhabers der Firma (oder dessen Erben) in deren Fortführung notwendig. Nach h.M. soll eine ausdrückliche Einwilligung nicht erforderlich sein, weshalb auch die wissentliche Duldung der Firmenfortführung des früheren Firmeninhabers ausreichend ist.

Das Einwilligungserfordernis ergibt sich daraus, dass § 25 Abs. 1 S. 2 HGB für den bisherigen Inhaber nachteilige Rechtsfolgen bewirkt.

15. Welche Rechtsfolgen ergeben sich aus § 25 Abs. 1 S. 2 HGB?

Nach § 25 Abs. 1 S. 2 HGB gelten die dort genannten Forderungen als auf den Erwerber übergegangen. Dies hat zur Folge, dass Schuldner auch schuldbefreiend (§ 362 Abs. 1 BGB) an den Erwerber leisten können. Mangels tatsächlich erfolgter Abtretung bleibt aber der frühere Firmeninhaber nach wie vor auch Inhaber der Forderung.

Im Ergebnis steht dem Schuldner ein Wahlrecht zu, an wen er seine Leistung erbringen möchte. Dies kann insbesondere für den Fall einer bestehenden Aufrechnungsmöglichkeit interessant sein.

16. Welche Ansprüche hat der frühere Firmeninhaber bei einer Leistung durch den Schuldner an den Erwerber?

Trotz der Anordnung des § 25 Abs. 1 S. 2 HGB bleibt der frühere Firmeninhaber Gläubiger der Forderung. Daher kann er nach § 816 Abs. 2 BGB gegen den Erwerber vorgehen und Herausgabe des an diesen Geleisteten verlangen.

IV. Firmenfortführung durch Erben

1. Welche zwingende Differenzierung bei der Haftung ist im Fall einer Erbschaft zu machen?

Im Falle einer Erbschaft haftet der Erbe nach §§ 1922, 1967 BGB unbeschränkt für eventuell bestehende Nachlassverbindlichkeiten. Mit dem Erbfall erwirbt der Erbe im Wege der Universalsukzession grundsätzlich auch die in einem Handelsgeschäft des Erblassers begründeten Verbindlichkeiten. Der Erbe kann die Haftung aber auf den Nachlass beschränken, indem er entweder eine Nachlassverwaltung oder ein Nachlassinsolvenzverfahren herbeiführt (vgl. § 1975 BGB).

Von dieser „erbrechtlichen Haftung" ist die „handelsrechtliche Haftung" des Erben nach § 27 Abs. 1 HGB für Altverbindlichkeiten zu unterscheiden. Die Haftung des Erben, die sich aus § 27 HGB ergibt, ist grundsätzlich unbeschränkbar. Für die Haftung verweist § 27 Abs. 1 HGB auf § 25 HGB. Eine Vermeidung der „handelsrechtlichen Haftung" nach § 27 Abs. 1 HGB kommt nur in Betracht, wenn der Erbe die Erbschaft ausschlägt (dann ist er niemals Erbe geworden) oder den Geschäftsbetrieb innerhalb der Frist des § 27 Abs. 2 HGB einstellt.

2. Unter welchen Voraussetzungen greift § 27 Abs. 1 HGB ein?

Die Voraussetzungen für das Eingreifen von § 27 Abs. 1 HGB sind (zugleich Prüfungsschema):
a) Ein zum Nachlass gehörendes Handelsgeschäft
c) Fortführung des Handelsgeschäftes durch den Erben
d) Fortführung der Firma durch den Erben
e) Keine Einstellung innerhalb der Bedenkzeit des § 27 Abs. 2 HGB
f) Keine abweichende Vereinbarung nach § 25 Abs. 2 HGB

3. Wann liegt *ein zum Nachlass gehörendes Handelsgeschäft* im Sinne von § 27 Abs. 1 HGB vor?

Ein zum Nachlass gehörendes Handelsgeschäft im Sinne von § 27 Abs. 1 HGB liegt vor, wenn das Handelsgeschäft durch den Erblasser als Einzelkaufmann betrieben worden ist.

Das Handelsgeschäft muss auch aufgrund der Erbschaft übergegangen sein, mithin darf der Erbe die Erbschaft nicht nach §§ 1924 ff. BGB ausgeschlagen haben. Ob die Erbenstellung auf Gesetz, Testament oder Erbvertrag beruht, ist dabei unerheblich. Auf den Vermächtnisnehmer findet § 27 HGB hingegen keine Anwendung.

4. Setzt § 27 Abs. 1 HGB voraus, dass der Erbe sowohl das Handelsgeschäft, als auch die Firma fortführt?

Die Frage, ob die Fortführung des Handelsgeschäftes und der Firma durch den Erben Voraussetzung für das Eingreifen von § 27

Abs. 1 HGB ist, hängt von der Einordnung des § 27 HGB als Rechtsgrund- oder Rechtsfolgenverweisung ab.

Die h.M. nimmt eine Rechtsgrundverweisung an. Daher sind auch die Voraussetzungen des § 25 Abs. 1 S. 1 HGB zu prüfen, mithin also auch die Fortführung von Handelsgeschäft und Firma. Eine andere Ansicht nimmt nur eine Rechtsfolgenverweisung an. Für die h.M. und damit die Ansicht, die eine Rechtsgrundverweisung annimmt, spricht der Zweck des § 27 HGB. Dieser besteht u.a. darin, dass der auf Grund eines Erbfalls Erwerbende nicht besser oder schlechter gestellt werden soll, als der rechtsgeschäftliche Erwerber eines Handelsgeschäftes. Weiterhin verweist der Wortlaut des § 27 Abs. 1 HGB auf den gesamten Inhalt des § 25 HGB. Folglich sind die Fortführung von Handelsgeschäft und Firma Voraussetzung für das Eingreifen des § 27 Abs. 1 HGB.

5.   Wann liegt die *Fortführung eines Handelsgeschäftes* im Sinne von § 27 Abs. 1 HGB vor?

Die Fortführung des Handelsgeschäftes richtet sich nach den gleichen Kriterien wie bei § 25 Abs. 1 S. 1 HGB (vgl. hierzu oben D. III. 5., S. 32). Eine Fortführung in diesem Sinne liegt jedoch nicht vor beim Handeln eines Insolvenzverwalters, eines Nachlassverwalters oder eines Testamentsvollstreckers.

6.   Wann liegt die *Fortführung einer Firma* im Sinne von § 27 Abs. 1 HGB vor?

Die Fortführung des Handelsgeschäftes richtet sich nach den gleichen Kriterien wie bei § 25 Abs. 1 S. 1 HGB (vgl. hierzu oben D. III. 6., S. 32). Die Haftung nach § 27 Abs. 1 HGB kommt also nicht in Betracht, wenn der Erbe die Firma sofort nach dem Anfall der Erbschaft ändert.

7.   Welchen Regelungsgegenstand hat § 27 Abs. 2 HGB?

Nach § 27 Abs. 2 S. 1 HGB tritt die Haftung nach § 25 Abs. 1 HGB nicht ein, wenn der Erbe die Fortführung des Handelsgeschäftes innerhalb von drei Monaten seit Kenntnis vom Anfall der Erbschaft einstellt. Folglich stellt § 27 Abs. 2 S. 1 HGB eine Möglichkeit dar, die strenge Haftung des § 25 Abs. 1 S. 1 HGB zu vermeiden.

8. Wann liegt ein *Einstellen des Geschäftes* im Sinne von § 27 Abs. 2 HGB vor?

Eine Einstellung des Geschäftes im Sinne von § 27 Abs. 2 HGB liegt nur dann vor, wenn die Geschäftstätigkeit vollständig eingestellt worden ist. Abwicklungsgeschäfte sind dabei allerdings unschädlich.

9. Liegt ein Einstellen im Sinne von § 27 Abs. 2 HGB vor, wenn innerhalb der Bedenkzeit eine Firmenänderung erfolgt?

Teilweise wird angenommen, eine Firmenänderung während der Bedenkzeit des § 27 Abs. 2 Abs. 1 HGB stelle eine Einstellung im Sinne der Vorschrift dar, sodass die Haftung des Erben über § 27 Abs. 1 HGB ausscheidet. Die h.M. hingegen nimmt an, dass eine Firmenänderung durch den Erben während der Bedenkzeit des § 27 Abs. 2 S. 1 HGB keine Einstellung im Sinne der Vorschrift darstellt.

Für die h.M. spricht jedenfalls der Wortlaut des § 27 Abs. 2 S. 1 HGB. Danach kommt es auf die tatsächliche Einstellung des Geschäftes an. Für § 27 Abs. 2 S. 1 HGB kommt es damit auf die Einstellung der unternehmerischen Tätigkeit selbst, also die Aufgabe des Geschäftes mit der Firma an und nicht auf eine bloße Änderung der Firma. Mithin ist der h.M. zu folgen.

10. Liegt ein Einstellen im Sinne von § 27 Abs. 2 HGB vor, wenn der Erbe innerhalb der Bedenkzeit das Geschäft veräußert?

Veräußert der Erbe das Geschäft mitsamt der Firma während der Bedenkzeit, so liegt nach h.M. kein Einstellen des Geschäftes vor. Eine andere Ansicht sieht in der Veräußerung des Geschäftes mit Firma eine Einstellung. Für die zuletzt genannte Ansicht spricht zwar, dass § 27 Abs. 2 HGB von der Fortführung durch den Erben spricht, entscheidend für die h.M. ist allerdings, dass sich der Erbe die Firma in dieser Situation gerade wirtschaftlich zu Nutze macht.

Für den Fall einer Veräußerung des Geschäftes ohne die Firma liegt ein Einstellen im Sinne von § 27 Abs. 2 S. 1 HGB vor.

11. Kann der Erbe entsprechend § 25 Abs. 2 HGB einen Haftungsausschluss erreichen?

Ob der Erbe gemäß § 25 Abs. 2 HGB durch Mitteilung oder Handelsregistereintragung einen Haftungsausschluss erreichen kann, wird uneinheitlich beurteilt.

Nach der h.M. ist bei der Haftung des Erben nach § 27 Abs. 1 HGB ein Haftungsausschluss nach § 25 Abs. 2 HGB möglich. Eine andere Ansicht lehnt diese Möglichkeit ab. Hierfür wird angeführt, dass § 25 Abs. 2 HGB zwischen den Parteien eine Geschäftsübernahme voraussetzt und bei § 27 Abs. 1 HGB eine Weiterhaftung des Vorinhabers fehle. Überzeugender erscheint allerdings die h.M., die sich unmittelbar auf den Wortlaut des § 27 Abs. 1 S. 1 HGB stützt. Dieser verweist vollumfänglich auf § 25 HGB, also auch auf § 25 Abs. 2 HGB. Weiterhin wird von der h.M. angeführt, dass kein Grund zu erkennen sei, warum der Erbe schlechter stehen solle, als der rechtsgeschäftliche Erwerber.

12. Welche Rechtsfolgen ergeben sich aus § 27 Abs. 1 HGB?

Sofern die zuvor genannten Voraussetzung vorliegen, haftet der Erbe unbeschränkt und unbeschränkbar nach §§ 27 Abs. 1 iVm 25 Abs. 1 S. 1 HGB für alle Verbindlichkeiten des Erblassers, die im Betrieb des Geschäftes begründet wurden

Zwar verweist § 27 Abs. 1 HGB auch auf § 25 Abs. 1 S. 2 HGB, doch erlangt diese Verweisung keine eigenständige Bedeutung, da der Erbe im Wege der Universalsukzession (§ 1922 BGB) ohnehin Inhaber der Forderungen des Erblassers wird.

V. Eintritt in das Geschäft eines Einzelkaufmanns

1. Warum ist die Vorschrift des § 28 Abs. 1 S. 1 HGB ungenau formuliert?

Der in der Vorschrift angesprochene „Eintritt" als persönlich haftender Gesellschafter oder Kommanditist in das Geschäft eines Einzelkaufmannes ist insoweit ungenau, als dass es um die Gründung einer OHG oder KG zwischen dem ehemaligen Einzelkaufmann und dem „Eintretenden" geht.

2. Unter welchen Voraussetzungen greift § 28 Abs. 1 S. 1 HGB ein?

Die Voraussetzungen für des Eingreifen von § 28 Abs. 1 S. 1 HGB sind (zugleich Prüfungsschema):

a) Handelsgeschäft eines Einzelkaufmannes
b) Entstehung einer Personenhandelsgesellschaft
c) Einbringung des Handelsgeschäftes in die Personenhandelsgesellschaft
d) Fortführung des Handelsgeschäftes
e) Keine abweichende Vereinbarung nach § 28 Abs. 2 HGB

3. Was versteht man unter dem *Handelsgeschäft eines Einzelkaufmannes* im Sinne von § 28 Abs. 1 S. 1 HGB?

Zunächst ist unter dem Begriff des Einzelkaufmannes im Sinne von § 28 Abs. 1 S. 1 HGB jede natürliche Person zu verstehen, die die Voraussetzungen eines Tatbestandes der §§ 1 ff. HGB erfüllt. Nach der h.M. fallen unter die Vorschrift des § 28 Abs. 1 S. 1 HGB aber auch die juristischen Personen (insbesondere AG und GmbH).

4. In welchen Fällen entsteht eine Personenhandelsgesellschaft?

Voraussetzung für das Eingreifen des § 28 Abs. 1 S. 1 HGB ist die Gründung einer neuen Personenhandelsgesellschaft unter Beteiligung des bisherigen Inhabers des Handelsgewerbes, also einer OHG oder einer KG. Nicht ausreichend ist die Gründung einer GbR oder einer Kapitalgesellschaft.

Die Einbringung eines einzelkaufmännischen Gewerbes in eine bestehende Personenhandelsgesellschaft ist ebenfalls nicht ausreichend. Weiterhin genügt es nicht, wenn der bisherige Inhaber des Handelsgewerbes nicht an der neuen Personenhandelsgesellschaft beteiligt ist.

Beispiel 1: Die A-GmbH und der Einzelkaufmann B möchten sich zusammenschließen. Sie gründen gemeinsam die A-GmbH & Co. KG. - In diesem Fall ist § 28 Abs. 1 S. 1 HGB anwendbar, da es um die Gründung einer Personenhandelsgesellschaft (KG) geht.

Beispiel 2: Der Einzelkaufmann B bringt sein Handelsgeschäft in die A-GmbH ein. - In diesem Fall ist § 28 Abs. 1 S. 1 HGB nicht anwendbar, da es nicht um die Gründung einer Personenhandelsgesellschaft geht. Vielmehr ist § 25 HGB anzuwenden.

5. Wann liegt eine *Einbringung des Handelsgeschäftes* in die Personenhandelsgesellschaft im Sinne von § 28 Abs. 1 S. 1 HGB vor?

Die Einbringung des Handelsgeschäftes ist ähnlich zu verstehen, wie der Begriff des Erwerbes des Handelsgeschäftes nach § 25 Abs. 1 S. 1 HGB (vgl. oben D. III. 4., S. 31). Dementsprechend kann die Einbringung nicht nur durch Übertragung in das Gesellschaftsvermögen, sondern auch durch Nießbrauch oder Pacht erfolgen. Wie bei § 25 Abs. 1 S. 1 HGB ist der Erwerb von einem Insolvenzverwalter für § 28 Abs. 1 S. 1 HGB nicht ausreichend. Entscheidend kommt es vielmehr auf den tatsächlichen Übergang des Handelsgeschäftes an.

6. Wann liegt eine *Fortführung des Handelsgeschäftes* im Sinne von § 28 Abs. 1 S. 1 HGB vor?

Eine Fortsetzung des Handelsgeschäftes des früheren Einzelkaufmannes liegt vor, wenn die neu entstandene Personenhandelsgesellschaft in Vollzug gesetzt wird. Eine später erfolgende Einstellung des Geschäftsbetriebes ist hingegen nicht relevant.

7. Ist für ein Eingreifen von § 28 Abs. 1 S. 1 HGB auch eine Firmenfortführung notwendig?

Die Fortführung der Firma durch die neu entstandene Personenhandelsgesellschaft ist keine Voraussetzung für das Vorliegen von § 28 Abs. 1 S. 1 HGB. Dies ergibt sich bereits aus dem Wortlaut der Vorschrift. Hierin liegt mithin der wesentliche Unterschied zu § 25 Abs. 1 S.1 HGB.

8. Wann liegt eine *abweichende Vereinbarung* im Sinne von § 28 Abs. 2 HGB vor?

Zwischen den Gesellschaftern der neu entstandenen Personenhandelsgesellschaft darf keine abweichende Vereinbarung im Sinne von § 28 Abs. 2 HGB bestehen, die aufgrund ihrer Eintragung und Bekanntmachung oder Mitteilung einem Dritten entgegen gehalten werden kann. Bei der Vorschrift des § 28 Abs. 2 HGB gilt das zu § 25 Abs. 2 HGB Gesagte entsprechend (vgl. oben D. III. 7., S. 33).

9. Welche Rechtsfolgen ergeben sich aus § 28 Abs. 1 HGB?

Nach § 28 Abs. 1 S. 1 HGB haftet die neu entstandene Personenhandelsgesellschaft unbeschränkt für die Verbindlichkeiten des bisherigen Alleininhabers. Daneben haftet – wie bei der Haftung nach § 25 Abs. 1 S. 1 HGB (vgl. oben D. III. 10., S. 34) auch der frühere Inhaber. Es liegt eine gesamtschuldnerische Haftung vor. Die Gesellschafter der neu entstandenen Personenhandelsgesellschaft haften dann nach § 128 HGB (Komplementäre der OHG), §§ 128, 161 Abs. 2 HGB (Komplementäre der KG) bzw. nach §§ 171 ff. HGB (Kommanditisten).

Nimmt der frühere Alleininhaber die Stellung eines Kommanditisten ein, so gilt für diesen unter Umständen nach § 28 Abs. 3 S. 1 HGB die Vorschrift des § 26 HGB.

Nach § 28 Abs. 1 S. 2 HGB gelten die durch den früheren Alleininhaber des einzelkaufmännischen Handelsgeschäftes begründeten Forderungen den Schuldnern gegenüber als auf die neu entstandene Personenhandelsgesellschaft übergegangen.

Literatur
- Lettl, Handelsrecht, 1. Auflage 2007, §§ 3, 4
- Kindler, Grundkurs Handels- und Gesellschaftsrecht, 2. Auflage 2007, §§ 3, 4, 5
- Köhler, Namensrecht und Firmenrecht, FS Fikentscher, S. 494 ff.
- Wernecke, Die Haftung für geschäftliche Verbindlichkeiten nach §§ 25 ff. HGB, JA 2001, 59 ff.
- Scheibe, Der Grundsatz der Firmenwahrheit, JuS 1997, 414 ff.
- Schulz, Die Neuregelung des Firmenrechts, JA 1999, 247 ff.
- Zerres, Inhaberwechsel und haftungsrechtliche Konsequenzen, Jura 2006, 253 ff.

E. Die Vertretung des Kaufmannes

I. Grundlagen

1. Sind die §§ 164 ff. BGB ohne weiteres im Handelsrecht anwendbar?

Die allgemeinen Vertretungsregeln der §§ 164 ff. BGB finden auch im Handelsrecht uneingeschränkte Anwendung. Der Kaufmann kann also uneingeschränkt Personen per Vollmacht dazu berechtigen, ihn zu vertreten. Probleme ergeben sich aber immer dann, wenn der Bevollmächtigte seine ihm zustehende Vertretungsmacht überschreitet.

2. Gibt es im Handelsrecht besondere Vertretungsformen?

Aufgrund der Besonderheiten des Handelsrechtes (Bedürfnis nach Rechtsklarheit und rascher Geschäftsabwicklung) gibt es drei besondere rechtsgeschäftliche Vertretungsformen:

- Prokura (§§ 48 – 53 HGB)
- Handlungsvollmacht (§§ 54 – 58 HGB)
- Vertretung durch Ladenangestellte (§ 56 HGB)

Bei diesen handelsrechtlichen Vertretungsformen wird die Vertretungsmacht gesetzlich geregelt, sodass sich der Vertragspartner hierauf verlassen kann und nicht dem Risiko eines Vertreters ohne Vertretungsmacht ausgesetzt ist.

II. Prokura

1. Wodurch zeichnet sich die Prokura aus?

Die in §§ 48 – 53 HGB geregelte Prokura ist eine rechtsgeschäftliche Vertretungsmacht, deren Umfang in § 49 HGB gesetzlich umschrieben ist.

2. Welche Sonderformen der Prokura gibt es?

Bei der Prokura sind folgende Sonderformen zu unterscheiden:

- **Echte Gesamtprokura** - Nach § 48 Abs. 2 HGB kann die Prokura in der Art erteilt werden, dass mehrere Prokuristen nur gemeinschaftlich handeln können. Für die Aktivvertretung bedeutet dies, dass die Prokuristen Willenserklärungen nur gemeinschaftlich abgeben dürfen. Handeln sie alleine, so handeln sie als Vertreter ohne Vertretungsmacht und es gelangt § 177 BGB zur Anwendung. Bei der Passivvertretung genügt hingegen die Entgegennahme einer Erklärung durch einen einzelnen Gesamtprokuristen.

- **Unechte Gesamtprokura** – Die unechte Gesamtprokura liegt vor, wenn ein Prokurist den Kaufmann nur gemeinsam mit einer weiteren Person vertreten darf, deren Vertretungsmacht aber auf einer anderen Rechtsgrundlage als auf einer Prokuraerteilung beruht.

Beispiel: Der Prokurist A darf die B-OHG nur zusammen mit dem Gesellschafter C vertreten. Die Vertretungsmacht des Gesellschafters beruht auf § 125 Abs. 1 HGB.

3. Wie wird die Prokura erteilt?

Die Erteilung der Prokura erfolgt nach den §§ 167 ff. BGB. Sie kann dementsprechend als Innen- oder Außenvollmacht (§ 167 Abs. 1 BGB) erteilt werden. Ausreichend ist auch eine öffentliche Kundgabe (vgl. § 171 BGB).

4. Wer darf die Prokura erteilen? Was ist zu beachten, wenn der Geschäftsinhaber minderjährig ist?

Die Prokura nach § 48 Abs. 1 HGB darf nur durch den Inhaber eines Handelsgeschäftes (also: Kaufmann) erteilt werden. Es kommt mithin auf das Vorliegen der Voraussetzungen der §§ 1 ff. HGB an. Folglich ist die Erteilung der Prokura etwa auch durch Handelsgesellschaften (§ 6 Abs. 1 HGB) möglich.

Weiterhin ergibt sich aus § 48 Abs. 1 HGB, dass die Prokura nur persönlich durch den Kaufmann und nicht durch einen bevollmächtigten Vertreter des Kaufmanns erteilt werden kann. Nur wenn eine Handelsgesellschaft vorliegt oder bei beschränkt geschäftsfähigen Geschäftsinhabern darf die Prokura durch den gesetzlichen Vertreter erteilt werden. Ist der Geschäftsinhaber minderjährig, so ist weiterhin gemäß den §§ 1643 Abs. 1, 1822 Nr. 11, 1831, 1915 BGB die Genehmigung des Vormundschaftsgerichtes zur Prokuraerteilung notwendig. (Achtung, häufiges Klausurproblem!)

5. Wie ist die Prokura zu erteilen?

Nach § 48 Abs. 1 HGB ist die Prokura durch den Inhaber des Handelsgeschäftes ausdrücklich zu erteilen. Mithin scheiden die konkludente Erteilung einer Prokura und eine Prokura kraft Duldung (Duldungsvollmacht) aus.

6. Ist die Prokura auf Dritte übertragbar?

Nein, nach § 52 Abs. 2 HGB ist die Prokura nicht auf Dritte übertragbar. Dementsprechend ist es nur möglich, die Prokura zu widerrufen und schließlich eine neue zu erteilen.

7. Ist für die Erteilung der Prokura eine Eintragung im Handelsregister erforderlich?

Nach § 53 Abs. 1 S. 1 HGB ist die Erteilung der Prokura im Handelsregister einzutragen. Die Eintragung der Prokura hat allerdings nur deklaratorische und keine konstitutive Wirkung. Mithin ist die Prokuraerteilung auch ohne Eintragung wirksam.

8. Welche Folgen können sich bei einer fehlenden Eintragung der Prokura ergeben?

Sofern die Erteilung der Prokura nicht eingetragen wurde, kann zu Gunsten eines Dritten die Vorschrift des § 15 Abs. 1 HGB eingreifen. Ein gutgläubiger Dritter wird bis zur Eintragung der Prokura in seinem Vertrauen in die einmal erteilte Prokura geschützt.

9. Welchen Umfang hat die Prokura?

In § 49 HGB ist der Umfang der Prokura für das Außenverhältnis abschließend festgelegt. Nach § 49 Abs. 1 HGB ist der Prokurist ermächtigt, alle Arten von gerichtlichen und außergerichtlichen Geschäften vorzunehmen, die der Betrieb eines Handelsgewerbes mit sich bringt. Dabei kann es sich auch um branchenfremde, außergewöhnliche und für das konkrete Handelsgewerbe untypische Geschäfte handeln.

Nicht von dieser umfangreichen Vertretungsmacht erfasst sind nach § 49 Abs. 2 HGB solche Geschäfte, die auf die Veräußerung und die Belastung von Grundstücken gerichtet sind. Für diese Art von Geschäften muss eine besondere Befugnis erteilt werden. Von § 49 Abs. 2 HGB sind nach h.M. Verpflichtungs- und Verfügungsgeschäfte erfasst.

Bereits begrifflich nicht vom Umfang der Prokura erfasst sind die sog. Grundlagengeschäfte. Zu diesen zählen vor allem die Einstellung oder Veräußerung des Handelsgewerbes, die Änderung der Firma, des Unternehmensgegenstandes, des Unternehmenssitzes oder die Aufnahme von Teilhabern.

Letztlich darf der Prokurist mangels einer Zugehörigkeit zum Handelsgewerbe auch keine Privatgeschäfte des Kaufmannes vornehmen.

10. Ist der Umfang der Prokura beschränkbar?

Gemäß § 50 Abs. 1, 2 HGB ist eine Beschränkung der Prokura jedem Dritten gegenüber, also im Außenverhältnis, unwirksam. Einschränkende Vereinbarungen zwischen dem Inhaber des Handelsgeschäftes und dem Prokuristen sind daher nur im Innenverhältnis von Bedeutung.

Eine gewisse Beschränkung der Prokura im Außenverhältnis stellt die Erteilung einer Gesamtprokura (§ 48 Abs. 2 HGB, vgl. oben E. II. 2., S. 45) oder einer Filialprokura nach § 50 Abs. 3 HGB dar.

11. Kann eine Beschränkung der Prokura im Innenverhältnis ausnahmsweise Auswirkungen auf das Außenverhältnis haben?

Ausnahmsweise muss ein Dritter eine Beschränkung der Prokura im Innenverhältnis entgegen § 50 Abs. 1, 2 HGB gegen sich gelten lassen. Dies ist in den Fällen des Missbrauches der Vertretungsmacht gegeben, also wenn:

- der Dritte und der Prokurist arglistig zum Nachteil des Inhabers des Handelsgeschäftes zusammenwirken (Kollusion)

oder

- ein bewusster Missbrauch der (im Innenverhältnis beschränkten) Vertretungsmacht durch den Prokuristen vorliegt und der Dritte diesen Umstand kannte oder aufgrund besonderer Umstände hätte kennen müssen (Evidenz).

12. Wann erlischt die Prokura?

Die Prokura erlischt vor allem nach einem Widerruf durch den Inhaber des Handelsgeschäftes nach § 52 Abs. 1 HGB und zwar unabhängig vom Bestand des zugrundeliegenden Rechtsverhältnisses (etwa des Arbeitsvertrages).

Weiterhin erlischt die Prokura nach § 168 S. 1 BGB durch die Beendigung des zugrundeliegenden Rechtsverhältnisses, aber auch im Falle einer Insolvenz des Inhabers des Handelsgeschäftes nach § 115 InsO.

13. Ist das Erlöschen der Prokura auch ohne Eintragung im Handelsregister wirksam?

Nach § 53 Abs. 2 HGB ist des Erlöschen der Prokura im Handelsregister einzutragen. Die Eintragung des Erlöschens der Prokura hat allerdings nur deklaratorische und keine konstitutive Wirkung. Folglich ist das Erlöschen der Prokura auch ohne Eintragung wirksam.

14. Welche Folgen können sich bei einer fehlenden Eintragung des Erlöschens der Prokura ergeben?

Sofern das Erlöschen der Prokura nicht eingetragen worden ist, kann zu Gunsten eines Dritten die Vorschrift des § 15 Abs. 1 HGB eingreifen. Sofern bereits die Erteilung der Prokura nicht eingetragen war, stellt sich dann das Problem der sekundären Unrichtigkeit des Handelsregisters (vgl. oben C. II. 4., S. 22).

15. Was gilt bezüglich Geschäften, die ein Prokurist nach Erlöschen seiner Prokura vorgenommen hat?

Nach Erlöschen der Prokura gelten die § 177 ff. BGB uneingeschränkt. Allerdings ist auch hier ggf. auf das mögliche Eingreifen von § 15 Abs. 1 HGB zu achten, wenn das Erlöschen der Prokura nicht in das Handelsregister eingetragen wurde.

III. Handlungsvollmacht

1. Wann liegt eine Handlungsvollmacht vor?

Unter einer Handlungsvollmacht versteht man nach § 54 Abs. 1 HGB jede von einem Kaufmann im Rahmen seines Handelsgewerbes erteilte Vollmacht, die nicht Prokura ist. Die bestehende Vertretungsmacht besteht dabei nicht bezüglich aller Geschäfte irgendeines Kaufmannes, sondern nur bezüglich der in einem derartigen Handelsgewerbe branchentypischen Geschäfte.

2. Wie wird eine Handlungsvollmacht erteilt?

Die Handlungsvollmacht wird nach den allgemeinen vertretungsrechtlichen Vorschriften des BGB, den §§ 167, 171 BGB, erteilt. Dabei ist eine einfache empfangsbedürftige Willenserklärung ausreichend. Die Einhaltung einer besonderen Form, sowie die Eintragung im Handelsregister sind für die wirksame Erteilung einer Handlungsvollmacht nicht erforderlich.

3. Worin liegt die Besonderheit der Handlungsvollmacht?

Die Besonderheit der Handlungsvollmacht ist, dass die Vorschrift des § 54 Abs. 1 HGB drei typisierte Arten der Handlungsvollmacht regelt. Bei den dort genannten Arten handelt es sich jedoch nur um eine widerlegliche gesetzliche Vermutung bezüglich des Umfangs einer solchen durch den Kaufmann erteilten Vollmacht. Die konkrete Art der Handlungsvollmacht bestimmt sodann den Umfang der Vertretungsmacht. An dieser Stelle greift dann ggf. die angesprochene widerlegliche gesetzliche Vermutung ein.

4. Welche Arten der Handlungsvollmacht sind zu unterscheiden?

Nach § 54 Abs. 1 HGB sind drei verschiedene Arten der Handlungsvollmacht zu unterscheiden:

- **Generalhandlungsvollmacht** – Die Handlungsvollmacht ist gemäß § 54 Abs. 1 Alt. 1 HGB darauf gerichtet, dass der Bevollmächtigte zum Betrieb eines Handelsgewerbes ermächtigt ist. Mithin darf der Bevollmächtigte alle Handlungen vornehmen, die der Betrieb eines derartigen Handelsgewerbes üblicherweise mit sich bringt. Es muss sich damit um branchenübliche Geschäfte handeln.

- **Arthandlungsvollmacht** – Die Handlungsvollmacht ist gemäß § 54 Abs. 1 Alt. 2 HGB auf die Vornahme einer bestimmten zu einem Handelsgewerbe gehörenden Art von Geschäften beschränkt.

  Beispiel: Kaufmann A erteilt seinem Angestellten B Vollmacht zum Einkauf von Büromaterial und EDV Ausstattung.

- **Spezialhandlungsvollmacht** – Die Handlungsvollmacht ist gemäß § 54 Abs. 1 Alt. 3 HGB auf die Vornahme einzelner zu einem Handelsgewerbe gehörender Geschäfte beschränkt.

  Beispiel: Kaufmann A erteilt seinem Angestellten B Vollmacht, anlässlich eines Bewerbungsgespräches einen Bewerber einzustellen.

5. Wodurch unterscheidet sich die Generalhandlungsvollmacht von der Prokura?

Die Generalhandlungsvollmacht ermächtigt den Bevollmächtigten alle Handlungen vorzunehmen, die der Betrieb eines derartigen Handelsgewerbes üblicherweise mit sich bringt. Die Generalhandlungsvollmacht ist enger als die Prokura, da sich diese im Gegensatz zur Generalhandlungsvollmacht allgemein auf den Betrieb eines Handelsgewerbes bezieht und auch nicht auf gewöhnliche und branchenübliche („derartige") Geschäfte begrenzt ist.

6. Welche Grenzen bestehen für die Handlungsvollmacht?

Die Grenzen der Handlungsvollmacht ergeben sich entweder unmittelbar aus dem Gesetz oder aus der Bevollmächtigung selbst.

§ 54 Abs. 1 HGB begrenzt die Vollmacht zunächst auf branchenübliche und gewöhnliche Geschäfte. Weiterhin ergibt sich aus § 54 Abs. 2 HGB, dass sich die Handlungsvollmacht nicht auf die Veräußerung und Belastung von Grundstücken, die Eingehung von Wechselverbindlichkeiten, die Aufnahme eines Darlehens oder die Prozessführung erstreckt. Die zuletzt genannten Handlungen darf der Bevollmächtigte nach § 54 Abs. 2 HGB nur mit einer besonderen Bevollmächtigung vornehmen. Genauso wie ein Prokurist darf ein Handlungsbevollmächtigter keine Grundlagengeschäfte vornehmen.

Weitere Beschränkungen der Handlungsvollmacht, insbesondere rechtsgeschäftliche Vereinbarungen, sind einem Dritten gegenüber gemäß § 54 Abs. 3 HGB nur wirksam, wenn er sie kannte oder kennen musste.

7. Wann erlischt die Handlungsvollmacht?

Ebenso wie die Erteilung richtet sich auch das Erlöschen der Handlungsvollmacht nach den allgemeinen Regeln des BGB. Insoweit ergeben sich keine handelsrechtlichen Besonderheiten. Die Handlungsvollmacht erlischt insbesondere durch Widerruf nach § 168 S. 1 BGB oder durch Beendigung des Grundverhältnisses nach § 168 S. 2 HGB.

IV. Vertretung durch Ladenangestellten

1. Welchen Gegenstand hat die Vorschrift des § 56 HGB?

Nach § 56 HGB gilt derjenige, der in einem Laden oder einem offenen Lager angestellt ist, für Verkäufe und Empfangnahmen, die in einem derartigen Laden oder Warenlager gewöhnlich geschehen, als ermächtigt.

2. Welche Rechtsnatur hat § 56 HGB?

Die dogmatische Einordnung des § 56 HGB ist umstritten. Teilweise wird angenommen, es handele sich um eine unwiderlegbare gesetzliche Vermutung bezüglich der Erteilung einer entsprechenden Vertretungsmacht. Teilweise wird auch angenommen, es handele sich um eine rechtsgeschäftlich erteilte Duldungsvollmacht.

Nach h.M. handelt es sich bei § 56 HGB allerdings um eine Rechtsscheinvollmacht, bei der vermutet wird, dass eine Vollmacht mit bestimmtem Umfang erteilt worden ist. Hierfür spricht jedenfalls die parallele Ausgestaltung zu § 171 BGB.

3. An welcher Stelle ist § 56 HGB zu prüfen?

Die Vorschrift des § 56 HGB ist im Rahmen des Anspruchsaufbaus bei der Vertretungsmacht oder ggf. bei der Prüfung des Offenkundigkeitsprinzips zu prüfen.

4. Unter welchen Voraussetzungen greift § 56 HGB ein?

Die Voraussetzungen für das Eingreifen von § 56 HGB sind (zugleich Prüfungsschema):

a) Vertretener ist Kaufmann
b) Laden oder Warenlager
c) Angestellter
d) Verkauf oder Empfangnahme
e) Gewöhnliches Geschäft
f) Gutgläubigkeit des Dritten

5. Muss der Vertretene bei § 56 HGB Kaufmann sein?

Ja, der Vertretene im Sinne des § 56 HGB muss Kaufmann im Sinne der §§ 1 ff. HGB sein. Dies ergibt sich aus der systematischen Stellung der Norm und dem engen Zusammenhang mit der Arthandlungsvollmacht (vgl. oben E. III. 4., S. 50).

6. Was versteht man unter einem Laden oder einem offenen Warenlager im Sinne von § 56 HGB?

Unter Laden bzw. offenem Warenlager im Sinne von § 56 HGB sind Räume zu verstehen, die zum freien Eintritt für das Publikum und zum Abschluss von Geschäften bzw. zur Lagerung von Waren bestimmt sind. Es muss sich dabei nicht um geschlossene Räume oder gar eine feste Niederlassung handeln.

7. Was versteht man unter dem Begriff des Angestellten im Sinne von § 56 HGB?

Der Angestellte im Sinne von § 56 HGB ist jede Person, die mit Wissen und Wollen des Ladeninhabers in dem Laden zu Zwecken des Verkaufs oder der Empfangnahme von Waren beschäftigt ist. Ein Arbeitsverhältnis braucht dabei nicht vorzuliegen.

8. Fallen nur Kaufverträge unter den Begriff des Verkaufs?

Nein, der Begriff des Verkaufs bezieht sich nicht nur auf Kaufverträge im Sinne von § 433 BGB. Vielmehr fallen unter den Begriff auch die mit den Kaufverträgen einhergehenden dinglichen Rechtsgeschäfte. Weiterhin sind auch Werk- und Werklieferungsverträge von der Vorschrift erfasst.

9. Was ist mit „Empfangnahme" gemeint?

Mit der Empfangnahme im Sinne von § 56 HGB sind neben der Annahme von Sachen, etwa Warenan- oder Warenrücknahmen, auch Zahlungen und Willenerklärungen erfasst.

10. Sind auch Ankäufe von § 56 HGB erfasst?

Ankaufsgeschäfte durch einen Angestellten werden schon nach dem Wortlaut des § 56 HGB nicht von der Vorschrift erfasst. Auch eine analoge Anwendung der Vorschrift soll nach h.M. nicht zur Anwendung kommen. Unter Umständen können allerdings die Grundsätze der Anscheins- oder Duldungsvollmacht eingreifen.

11. Kommt es bei § 56 HGB auf die Gutgläubigkeit des Dritten an?

Nach h.M. kommt es bei § 56 HGB auf die Gutgläubigkeit des Dritten an. Das bedeutet, dass derjenige sich nicht auf § 56 HGB berufen kann, dem gegenüber der Kaufmann den Rechtsschein des § 56 HGB zerstört hat. Dies kann etwa durch einen ausdrücklichen Hinweis erfolgt sein. Die Notwendigkeit der Gutgläubigkeit ergibt sich aus der Wertung des § 54 Abs. 3 HGB.

Literatur
- Brox, Handels- und Gesellschaftsrecht, 19. Auflage 2006, § 10 (Die Prokura), § 11 (Die Handlungsvollmacht)
- Drexl/Mentzel, Handelsrechtliche Besonderheiten der Stellvertretung, Jura 2002, 289 ff., 375 ff.
- Häublein, Die Ladenvollmacht, JuS 1999, 624 ff.
- Honsell, Die Besonderheiten der handelsrechtlichen Stellvertretung, JA 1984, 17 ff.
- Jung, Handelsrecht, 6. Auflage 2007, Kapitel 7
- Köhl, Der Prokurist in der unechten Gesamtvertretung, NZG 2005, 197 ff.
- Monhemius, Grundprinzipien zur Stellvertretung mit Bezügen zum Handels- und Gesellschaftsrecht, JA 1998, 378 ff.
- Müller, Prokura und Handlungsvollmacht, JuS 1998, 1000 ff.

F. Handelsgeschäfte (Allgemeiner Teil)

I. Begriff des Handelsgeschäftes

1. Was versteht man unter dem Begriff des „Handelsgeschäftes"?

Nach § 343 Abs. 1 HGB zählen zu den Handelsgeschäften alle Geschäfte eines Kaufmannes, die zum Betrieb seines Handelsgewerbes gehören.

2. Unter welchen Voraussetzungen liegt ein Handelsgeschäft vor?

Ein Handelsgeschäft im Sinne von 343 Abs. 1 HGB liegt unter folgenden Voraussetzungen vor (zugleich Prüfungsschema):

a) Geschäft im Sinne von § 343 Abs. 1 HGB
b) Kaufmannseigenschaft mindestens einer Partei
c) Betriebsbezogenheit

3. Was versteht man unter dem Begriff des Geschäfts im Sinne von § 343 Abs. 1 HGB?

Unter einem Geschäft im Sinne von § 343 Abs. 1 HGB sind nicht nur Rechtsgeschäfte (Kaufverträge, Kündigungen, Rücktritt usw.) im eigentlichen Sinne zu verstehen, sondern vielmehr auch rechtsgeschäftsähnliche Handlungen (Mahnungen, Leistungen und Annahmen von Leistungen). Nicht erfasst vom Begriff des Geschäfts im Sinne von § 343 Abs. 1 HGB werden unerlaubte Handlungen und Realakte (Verbindung, Vermischung usw.).

4. Ist bei einem Handelsgeschäft Voraussetzung, dass beide Parteien Kaufmann sind?

Zwingende Voraussetzung für das Vorliegen eines Handelsgeschäftes ist, dass zumindest einer der beteiligten Parteien die Kaufmannseigenschaft im Sinne von §§ 1 – 6 HGB zukommt. Darüber hinaus ist zwischen ein- und zweiseitigen Handelsgeschäften zu differenzieren. Bei einseitigen Handelsgeschäften ist nur eine Partei Kaufmann (vgl. auch § 345 HGB), bei zweiseitigen Handelsgeschäften sind es hingegen beide. Entscheidend kann die Frage bei der Anwendbarkeit einzelner Vorschriften sein. So setzt etwa § 377 HGB ein zweiseitiges Handelsgeschäft voraus.

5. Welcher Zeitpunkt ist bezüglich der Kaufmannseigenschaft bei Handelsgeschäften entscheidend?

Bei Handelsgeschäften muss die Kaufmannseigenschaft zum Zeitpunkt der Vornahme des Geschäftes gegeben sein. Sofern ein Fall der Stellvertretung vorliegt, muss die Voraussetzung in der Person des Vertretenen zum selben Zeitpunkt vorliegen.

6. Wann liegt die *Betriebsbezogenheit* im Sinne von § 343 Abs. 1 HGB vor?

Die Betriebsbezogenheit im Sinne von § 343 Abs. 1 HGB ist bei allen Geschäften gegeben, die zum Betrieb des Handelsgewerbes gehören, die also dem Interesse des Handelsgewerbes, der Erhaltung seiner Substanz und der Erzielung von Gewinnen dienen. Es gilt ein weites Begriffsverständnis, sodass auch ein entfernter und lockerer Zusammenhang zum Betrieb des Handelsgewerbes ausreicht. Betriebsbezogen sind zudem auch Hilfs- und Nebengeschäfte.

7. Wozu dient das Merkmal der Betriebsbezogenheit?

Durch das Merkmal der Betriebsbezogenheit werden Handelsgeschäfte des Kaufmannes von seinen Privatgeschäften abgegrenzt.

8. Was regelt die Vorschrift des § 344 Abs. 1 HGB?

§ 344 Abs. 1 HGB enthält die widerlegliche Vermutung, dass die von einem Kaufmann vorgenommenen Rechtsgeschäfte im Zweifel zum Betrieb seines Handelsgewerbes gehören, mithin also betriebsbezogen sind. Die Widerlegbarkeit der Vermutung ergibt sich aus der Formulierung „im Zweifel".

Die Vermutung des § 344 Abs. 1 HGB gilt dabei nicht nur für Rechtsgeschäfte, sondern muss im Ergebnis für alle Geschäfte im Sinne von § 343 Abs. 1 HGB gelten.

9. Wann darf in der Prüfung auf § 344 Abs. 1 HGB zurückgegriffen werden?

Auf die Vorschrift des § 344 Abs. 1 HGB darf in einer Prüfung nur dann zurückgegriffen werden, wenn die Betriebsbezogenheit des Geschäftes nicht aufgrund des Sachverhaltes eindeutig feststellbar ist.

10. Findet die Vermutung des § 344 Abs. 1 HGB auch bei Geschäften von Handelsgesellschaften Anwendung?

Die widerlegliche Vermutung des § 344 Abs. 1 HGB wird bei Geschäften von Handelsgesellschaften nicht benötigt, da hier keine „Privatgeschäfte" vorkommen können, von denen die Handelsgeschäfte abgegrenzt werden müssen.

II. Zustandekommen von Handelsgeschäften durch Schweigen

1. In welchen Fällen kann ein Handelsgeschäft durch Schweigen zustande kommen?

Nach allgemeiner zivilrechtlicher Regel wird dem Schweigen im Rechtsverkehr grundsätzlich keine rechtsgestaltende Wirkung beigemessen. Eine solche Wirkung kommt nur ausnahmsweise in Betracht, wenn die Parteien dies entweder vereinbart haben (sog. beredtes Schweigen) oder wenn es ausdrücklich im Gesetz angeordnet ist (z.B. in § 108 Abs. 2 BGB).

Von diesem aufgezeigten Grundsatz macht das Handelsrecht zwei wesentliche Ausnahmen. Zum einen kann das Schweigen auf ein kaufmännisches Bestätigungsschreiben von Relevanz sein, zum anderen das Schweigen auf ein Angebot zur Geschäftsbesorgung gemäß § 362 HGB.

2. Wie ist das kaufmännische Bestätigungsschreiben von der Auftragsbestätigung abzugrenzen?

Bei einem kaufmännischen Bestätigungsschreiben wird das Zustandekommen und/oder der Inhalt eines bereits (jedenfalls aus Sicht des Bestätigenden) geschlossenen Vertrages bestätigt. Der Absender geht dabei also bereits von einem wirksamen Vertragsschluss aus.

Im Unterschied dazu kommt der Vertrag bei der Auftragsbestätigung erst durch diese zustande. In diesem Fall geht der Absender davon aus, dass bisher noch kein Vertrag zustande gekommen ist, sondern vielmehr die Annahme eines Angebotes erklärt wird. Weicht die Auftragsbestätigung vom anzunehmenden Angebot ab, so handelt es sich bei der vermeintlichen Auftragsbestätigung um eine modifizierende Annahme, die nach § 150 Abs. 2 BGB einen neuen Antrag darstellt.

Bei der Abgrenzung kommt es nicht auf die konkrete Bezeichnung des Schreibens an. Entscheidend ist der konkrete Inhalt des Schreibens, nämlich ob ein Vertrag geschlossen (Auftragsbestätigung), oder ob ein früherer (ggf. auch nur vermeintlicher) Vertragsschluss dokumentiert werden soll.

3. Was ist der Unterschied zwischen einem deklaratorischen und einem konstitutiven kaufmännischen Bestätigungsschreiben?

Ein deklaratorisches kaufmännisches Bestätigungsschreiben bestätigt einen Vertragsschluss, ohne dass sich Ergänzungen oder Abweichungen zum tatsächlichen Inhalt des Vertrages ergeben. Insoweit dient das kaufmännische Bestätigungsschreiben nur als Beweisurkunde und entfaltet keine weiteren Rechtsfolgen. Es hat mithin nur deklaratorische Bedeutung.

Soweit das kaufmännische Bestätigungsschreiben den Vertragsschluss nur mit Abweichungen oder Ergänzungen wiedergibt, hat die widerspruchslose Hinnahme des Schreibens konstitutive Wirkung. Der Vertrag kommt dann mit dem Inhalt des Schreibens zustande. Ein weiterer Fall, in dem ein kaufmännisches Bestätigungsschreiben konstitutiven Charakter hat, kann bei einem nur vermeintlichen Vertragsschluss vorliegen. Geht nämlich der Absender von einem bereits erfolgten Vertragsschluss aus, fehlte dieser aber etwa wegen eines Dissenses oder wegen Mängeln bei der Vertretungsmacht, so kommt der Vertrag bei Vorliegen der Voraussetzungen des kaufmännischen Bestätigungsschreibens dennoch zustande.

4. Welche Voraussetzungen müssen für ein wirksames kaufmännisches Bestätigungsschreiben erfüllt sein?

Ein wirksames kaufmännisches Bestätigungsschreiben liegt unter folgenden Voraussetzungen vor (zugleich Prüfungsschema):

a) Empfänger ist Kaufmann oder nimmt wie ein solcher am Rechtsverkehr teil
b) Absender kann Privatmann sein (str.)
c) Vorausgehende Vertragsverhandlungen
d) Zugang des Schreibens unmittelbar nach Abschluss der Vertragsverhandlungen
e) Genehmigungsfähigkeit des Schreibens
f) Schutzwürdigkeit des Absenders
g) Schweigen des Empfängers

5. Wer kann Empfänger eines kaufmännischen Bestätigungsschreibens sein?

Empfänger eines kaufmännischen Bestätigungsschreibens kann ein Kaufmann oder jemand sein, der wie ein Kaufmann in größerem Umfang am Geschäftsverkehr teilnimmt. Es kommt bei Nichtkaufleuten als Empfänger darauf an, dass diesen Kenntnis der Lehre vom kaufmännischen Bestätigungsschreiben unterstellt werden kann.

6. Wer kann Absender eines kaufmännischen Bestätigungsschreibens sein?

Wer Absender eines kaufmännischen Bestätigungsschreibens sein kann, ist umstritten. Teilweise werden die identischen Voraussetzungen wie an den Empfänger eines kaufmännischen Bestätigungsschreibens gestellt. Teilweise wird angenommen, dass der Absender auch Privatmann sein kann, da er durch das bloße Absenden des kaufmännischen Bestätigungsschreibens nicht verpflichtet wird. Für die engere Ansicht spricht, dass nur die dort genannte Personengruppe zu Recht davon ausgehen darf, dass der Empfänger den zugrunde liegenden Handelsbrauch beachtet.

Die Entscheidung bei dieser Frage sollte klausurtaktisch getroffen werden. Beide Ansichten sind mit einer entsprechenden Begründung gleichsam vertretbar.

7. Welche Anforderungen werden an die Vertragsverhandlungen gestellt, die dem kaufmännischen Bestätigungsschreiben vorausgehen müssen?

Dem kaufmännischen Bestätigungsschreiben müssen mündliche Vertragsverhandlungen vorangegangen sein, bei denen es – jedenfalls aus Sicht des Absenders – bereits zu einem Vertragsschluss gekommen ist. Soweit bereits schriftliche Vereinbarungen getroffen wurden, stehen diese dem kaufmännischen Bestätigungsschreiben nicht entgegen, da weiterhin noch Unklarheiten über den genauen Vertragsinhalt bestehen können.

Handelt auf der Seite des Vertragspartners ein Vertreter ohne Vertretungsmacht, so ist auch dies ausreichend, um beim Absender eines kaufmännischen Bestätigungsschreibens den Anschein eines wirksamen Vertragsschlusses zu wecken.

8. Welche Anforderungen sind im Hinblick auf den Inhalt des Schreibens und dessen Zugang zu stellen?

Das kaufmännische Bestätigungsschreiben muss einen genehmigungsfähigen Inhalt haben und in den Vertragsverhandlungen unmittelbar zeitlich nachfolgen. Darüber hinaus muss es dem Empfänger nach § 130 Abs. 1 BGB innerhalb des genannten Zeitraumes zugehen. Der maßgebliche Zeitraum richtet sich nach den Umständen des Einzelfalles, jedoch wird der Zugang regelmäßig nur innerhalb von wenigen Tagen möglich sein.

9. Wann ist der Inhalt des kaufmännischen Bestätigungsschreibens genehmigungsfähig?

Der Inhalt des kaufmännischen Bestätigungsschreibens muss den behaupteten Vertragsschluss seinem wesentlichen Inhalt nach wiedergeben. Der Inhalt ist dann nicht mehr genehmigungsfähig, wenn der Inhalt des Schreibens so weit vom Verhandlungsergebnis entfernt ist, dass der Absender verständigerweise nicht mit einem Einverständnis des Empfängers rechnen darf.

10. Wann ist der Absender nicht schutzwürdig?

Der Absender ist nicht schutzwürdig, wenn er das kaufmännische Bestätigungsschreiben bewusst unrichtig, also abweichend von der getroffenen Vereinbarung formuliert. Weiterhin ist er auch nicht schutzwürdig, wenn sich das Schreiben auf eine vermeintliche Vereinbarung bezieht, die der andere Teil aber ausdrücklich abgelehnt hat.

11. Wann liegt ein Schweigen des Empfängers vor?

Das notwendige Schweigen des Empfängers ist gegeben, wenn der Empfänger dem kaufmännischen Bestätigungsschreiben nicht unverzüglich (vgl. die Legaldefinition des § 121 Abs. 1 S. 1 BGB) widersprochen hat.

12. Welche Rechtsfolgen ergeben sich bei einem wirksamen kaufmännischen Bestätigungsschreiben?

Sofern ein wirksames kaufmännisches Bestätigungsschreiben vorliegt, kommt der Vertrag mit dem Inhalt des Schreibens zustande. Hinsichtlich der Rechtsfolgen kann auf die obigen Ausführungen verwiesen werden.

13. Ist in Bezug auf ein kaufmännisches Bestätigungsschreiben eine Anfechtung möglich?

Ob und eventuell aus welchen Gründen bei einem kaufmännischen Bestätigungsschreiben eine Anfechtung möglich ist, ist umstritten. Einigkeit herrscht jedenfalls dahingehend, dass eine Anfechtung nicht möglich ist, wenn sich der Empfänger über die Bedeutung seines Schweigens irrt. Für eine darüber hinaus bestehende Anfechtungsmöglichkeit, etwa bezüglich des Inhaltes seines Antrages oder aufgrund arglistiger Täuschung, spricht jedenfalls, dass der Schweigende nicht schlechter stehen darf als derjenige, der ausdrücklich etwas erklärt hat. Mithin ist eine Anfechtung dann möglich, wenn auch bei einer ausdrücklichen Erklärung eine Anfechtungsmöglichkeit bestehen würde.

14. Welchen Regelungsgegenstand hat § 362 HGB?

Die Vorschrift des § 362 HGB stellt eine Durchbrechung des Grundsatzes dar, dass dem Schweigen nicht der Charakter einer Willenserklärung zukommt. Unter den Voraussetzungen des § 362 Abs. 1 S. 1 HGB kommt trotz des Schweigens ein Vertrag wirksam zustande.

15. Unter welchen Voraussetzungen greift § 362 Abs. 1 S. 1 HGB ein?

Die Vorschrift des § 362 Abs. 1 S. 1 HGB greift unter folgenden Voraussetzungen ein (zugleich Prüfungsschema):

a) Kaufmann als Empfänger eines Angebotes iSv § 362 Abs. 1 HGB
b) Geschäftsbesorgung als Gegenstand des Handelsgewerbes
c) Angebot zu einer Geschäftsbesorgung, die das Gewerbe des Kaufmannes gewöhnlich mit sich bringt
d) Bestehende Geschäftsverbindung
e) Keine unverzügliche Antwort (= Schweigen)

16. Was versteht man unter einer *Geschäftsbesorgung* im Sinne von § 362 Abs. 1 S. 1 HGB?

Eine Geschäftsbesorgung im Sinne von § 362 Abs. 1 S. 1 HGB ist jede selbständige, rechtsgeschäftliche oder tatsächliche Tätigkeit für und im Interesse eines anderen.

17. Wann ist vom *Bestehen einer Geschäftsverbindung* im Sinne von § 362 Abs. 1 S. 1 HGB auszugehen?

Eine Geschäftsverbindung im Sinne von § 362 Abs. 1 S. 1 HGB besteht bei jeder objektiven auf Dauer angelegten Beziehung zwischen Personen, die einen regelmäßigen bzw. wiederholten Abschluss von Geschäften erwarten lässt.

III. Erwerb vom Nichtberechtigten

1. Welchen Regelungsgegenstand hat § 366 Abs. 1 HGB?

In § 366 Abs.1 HGB ist der gutgläubige Eigentums- oder Pfandrechtserwerb vom Nichteigentümer für den Fall geregelt, in dem der Erwerber die Nichtberechtigung des Veräußerer zwar kennt, jedoch gutgläubig in Bezug auf die Verfügungsbefugnis ist. Mithin wird nicht wie im BGB der gute Glaube an das Eigentum geschützt, sondern vielmehr der gute Glaube in Bezug auf die Verfügungsbefugnis. Der Gutglaubensschutz der §§ 932 ff. BGB bzw. §§ 1207 f. BGB wird durch diese Regelung erweitert.

2. Wo befindet sich eine Regelung zur Verfügungsbefugnis? Was ist mit Verfügungsbefugnis gemeint?

Im BGB ermöglicht § 185 Abs. 1 BGB die Erteilung einer Verfügungsbefugnis. Danach ist die Verfügung eines Nichtberechtigten wirksam, wenn diese mit der Einwilligung (=vorherige Zustimmung entsprechend der Legaldefinition des § 183 S. 1 HGB) des Berechtigten erfolgt.

3. Unter welchen Voraussetzungen greift § 366 Abs. 1 HGB für einen gutgläubigen Erwerb ein?

Ein gutgläubiger Erwerb über § 366 Abs. 1 HGB ist unter folgenden Voraussetzungen möglich (zugleich Prüfungsschema):

a) Kaufmannseigenschaft des Veräußerers
b) Veräußerung einer beweglichen Sache
c) Veräußerung im Rahmen des Handelsgewerbes
d) Fehlende Berechtigung des Veräußerers
e) Gutgläubigkeit des Erwerbers in Bezug auf die Verfügungsbefugnis

Die identischen Voraussetzungen sind auch in Bezug auf den gutgläubigen Erwerb eines Pfandrechtes zu prüfen, anstelle des Veräußerers ist jeweils „Verpfänder" zu lesen.

4. Ist § 366 Abs. 1 HGB ein eigener Erwerbstatbestand? An welcher Stelle ist er in der Fallprüfung zu verorten?

§ 366 Abs. 1 HGB regelt keinen eigenen Erwerbstatbestand, sondern ist vielmehr immer im Zusammenhang mit §§ 929 ff. und 932 ff. BGB zu prüfen. Systematisch wird zunächst ein Erwerb nach § 929 ff. BGB geprüft und aufgrund der fehlenden Berechtigung abgelehnt. Der im Anschluss zu prüfende gutgläubige Erwerb nach §§ 929 ff., 932 ff. BGB scheitert an der fehlenden Gutgläubigkeit des Erwerbers, da dieser Kenntnis vom fehlenden Eigentum hat. Erst danach wird der gutgläubige Erwerb nach §§ 929 ff., 932 ff. BGB iVm § 366 Abs. 1 HGB geprüft. Insoweit sind jeweils die entsprechenden Voraussetzungen zu prüfen. Daher kann § 366 Abs. 1 HGB nie isoliert geprüft werden.

5. Ist § 366 Abs. 1 HGB nur auf Kaufleute anwendbar?

Nach dem Wortlaut des § 366 Abs. 1 HGB gilt die Vorschrift nur für Kaufleute im Sinne von §§ 1 - 6 HGB. Allerdings ist die Vorschrift aufgrund verschiedener gesetzlicher Verweisungen (vgl. §§ 383 Abs. 2 S. 2, 407 Abs. 3 S. 2, 453 Abs. 3 S. 2, 467 Abs. 3 S. 2 HGB) für bestimmte Personen ebenfalls anwendbar, obwohl sie nicht Kaufmann im Sinne von §§ 1 - 6 HGB sind.

6. Wann liegt eine *Veräußerung im Rahmen des Handelsgewerbes* vor?

Eine Veräußerung im Rahmen des Handelsgewerbes des Kaufmannes liegt vor, wenn sie für diesen ein Handelsgeschäft im Sinne von § 343 Abs. 1 HGB darstellt. Insoweit ist das Vorliegen eines einseitigen Handelsgeschäftes nach § 345 HGB ausreichend.

7. Wann liegt *Gutgläubigkeit* im Sinne von § 366 Abs. 1 HGB vor?

Der gute Glaube richtet sich bei § 366 Abs. 1 HGB auf das Bestehen einer Befugnis des Veräußerers, über die Sache für den Eigentümer zu verfügen. Der Erwerber muss also gutgläubig in Bezug auf die Verfügungsbefugnis sein. Es muss dabei um eine rechtsgeschäftlich erteilte (§ 185 Abs. 1 BGB) oder gesetzlich bestehende (z.B. § 383 BGB, §§ 373, 389 HGB) Verfügungsbefugnis gehen.

Aufgrund des Verweises von § 366 Abs. 1 HGB auf die §§ 932 ff. BGB ist der Maßstab für den guten Glauben der Vorschrift des § 932 Abs. 2 BGB zu entnehmen. Danach ist derjenige nicht in gutem Glauben, der Kenntnis oder grob fahrlässige Unkenntnis von der fehlenden Verfügungsbefugnis des Veräußerers hat.

8. Wann liegt *grobe Fahrlässigkeit* im Sinne von § 932 Abs. 2 BGB vor?

Grobe Fahrlässigkeit ist jedenfalls dann gegeben, wenn die einzuhaltende erforderliche Sorgfalt in einem ungewöhnlich hohen Maß missachtet worden und dabei dasjenige unbeachtet geblieben ist, was im gegebenen Fall jedem hätte einleuchten müssen.

9. Schließt der fehlende gute Glaube an das Eigentum den guten Glauben an die Verfügungsbefugnis aus?

In den Fällen, in denen § 366 Abs. 1 HGB eingreift, hat der Erwerber in der Regel positive Kenntnis vom fehlenden Eigentum des Veräußerers, glaubt aber trotzdem an dessen Verfügungsbefugnis.

10. Schützt die Vorschrift des § 366 Abs. 1 HGB auch den guten Glauben an die Vertretungsmacht? Wo ist dieses Problem im Prüfungsaufbau zu verorten?

Umstritten ist, ob ein Erwerber nach § 366 Abs. 1 HGB geschützt ist, wenn er gutgläubig auf eine tatsächlich nicht bestehende Vertretungsmacht des Veräußerers vertraut.

Beispiel: K erwirbt bei Autohändler V ein Auto, welches dieser im Namen des X anbietet. X hatte sein Auto zu V gebracht, damit dieser das Motoröl wechselt. K nimmt an, dass V mit einer entsprechenden Vollmacht ausgestattet ist.

Das Problem ist im Rahmen der dinglichen Einigung bei der Prüfung des Eigentumserwerbes zu verorten. Bei der Frage des Vorliegens einer wirksamen Stellvertretung ist im Rahmen der Prüfung der Vertretungsmacht zu untersuchen, ob der gute Glauben auf das Bestehen der Vertretungsmacht über § 366 Abs. 1 HGB geschützt ist.

Teilweise wird vertreten, dass der gute Glaube an das Bestehen der Vertretungsmacht über § 366 Abs. 1 HGB analog geschützt ist. Nach anderer Ansicht ist eine solche Analogie dagegen abzulehnen. Für die erste Ansicht wird angeführt, dass bezüglich des guten Glaubens an die Vertretungsmacht und den guten Glauben an die Verfügungsbefugnis eine vergleichbare Schutzwürdigkeit des Erwerbes besteht. Weiterhin wird damit argumentiert, dass das HGB nicht streng zwischen Ermächtigung und Vollmacht unterscheidet. Hierzu wird § 49 Abs. 1 HGB als Beispiel herangezogen.

Für die zweite Ansicht spricht jedoch, dass eine analoge Anwendung des § 366 Abs. 1 HGB den Gutglaubensschutz zu sehr zu Gunsten des gutgläubigen Dritten verschieben würde.

Zudem spricht der eindeutige Wortlaut des § 366 Abs. 1 HGB gegen eine analoge Anwendung. Hier ist die Vertretungsmacht nämlich nicht angesprochen.

In der Regel ist dieser Streit aber nicht abschließend zu entscheiden, da selbst für den Fall, dass § 366 Abs. 1 HGB analog auf den guten Glauben an das Bestehen der Vertretungsmacht bei der dinglichen Einigung angewandt wird, dieser Gutglaubensschutz nur im Hinblick auf das dingliche und nicht das schuldrechtliche Geschäft gilt. Beim schuldrechtlichen Geschäft verbleibt es daher bei einer Anwendung des § 177 BGB. Da das Eigentum an der Sache ohne Rechtsgrund erworben wurde, steht dem früheren Eigentümer jedenfalls ein Kondiktionsanspruch aus § 812 Abs. 1 S. 1 Alt. 1 BGB zu.

11. Was schützt § 366 Abs. 2 HGB?

Durch § 366 Abs. 2 HGB wird § 936 BGB erweitert. Die Vorschrift des § 366 Abs. 2 HGB regelt den gutgläubigen lastenfreien Erwerb einer beweglichen Sache, auch wenn der Erwerber die Belastung der Sache kennt. § 366 Abs. 2 HGB greift ein, sofern der Erwerber gutgläubig im Hinblick auf die Befugnis des Veräußerers ist, die Sache ohne die Belastung zu veräußern.

12. Wo ist § 366 Abs. 2 HGB in der Fallprüfung zu verorten?

Die Vorschrift des § 366 Abs. 2 HGB ist im Rahmen des gutgläubigen lastenfreien Erwerbes nach § 936 BGB zu prüfen. Der Aufbau der Prüfung ist mit der des § 366 Abs. 1 HGB vergleichbar (vgl. oben F. III. 3., S. 63).

IV. Formfreiheit bei Bürgschaft, Schuldversprechen oder Schuldanerkenntnis

1. Welchen Regelungsgegenstand hat § 350 HGB?

Die Vorschrift des § 350 HGB ordnet für Bürgschaft, Schuldversprechen und Schuldanerkenntnis an, dass die jeweiligen Formvorschriften der §§ 766 S. 1, 780, 781 S. 1 und 2 BGB (meist Schriftform) nicht gelten, sofern es sich auf Seiten des Bürgen bzw. des Schuldners um ein Handelsgeschäft handelt.

Eine Bürgschaftserklärung z.B. kann hier also auch mündlich erteilt werden. Grund für die Abweichung zum BGB ist vor allem die geringere Schutzbedürftigkeit des Kaufmannes aufgrund seiner regelmäßig vorhandenen Erfahrung.

2. Unter welchen Voraussetzungen greift § 350 HGB ein?

Die Voraussetzungen für das Eingreifen von § 350 HGB sind (zugleich Prüfungsschema):

a) Kaufmannseigenschaft
b) Bürgschaft, Schuldversprechen oder Schuldanerkenntnis als Handelsgeschäft

Zum Begriff des Handelsgeschäftes wird nach oben verwiesen, vgl. F. I. 1., S. 55.

3. Ist die Kaufmannseigenschaft bei § 350 HGB zwingend?

Nach § 350 HGB muss der Bürge bzw. Schuldner immer Kaufmann im Sinne von §§ 1-6 HGB sein. Anders als im Falle des § 366 HGB verweisen die §§ 383 Abs. 2 S. 2, 407 Abs. 3 S. 2, 453 Abs. 3 S. 2, 467 Abs. 3 S. 2 HGB ausdrücklich nicht auf § 350 HGB.

V. Abtretung

1. Welchen Regelungsgegenstand hat § 354a HGB?

Durch § 354a HGB ist trotz der Vereinbarung eines rechtsgeschäftlichen Abtretungsverbotes die Abtretung einer Forderung im Sinne der Vorschrift wirksam. Die Vorschrift soll dem Zweck dienen, die Abtretbarkeit von Forderungen zur Kreditsicherung zu ermöglichen. Entgegen § 137 S. 1 BGB hat ein Abtretungsverbot dann dingliche Wirkung.

2. Unter welchen Voraussetzungen greift § 354a S. 1 HGB ein?

Die Voraussetzungen für das Eingreifen von § 354a S. 1 HGB sind (zugleich Prüfungsschema):

a) Beiderseitiges Handelsgeschäft
b) Geldforderung
c) Rechtsgeschäftliches Abtretungsverbot

Der Inhalt der zu prüfenden Voraussetzungen ergibt sich im Wesentlichen aus dem Wortlaut des § 354a HGB. Zum Begriff des Handelsgeschäftes wird nach oben verwiesen werden, vgl. F. I. 1., S. 55.

3. Wann liegt ein rechtsgeschäftliches Abtretungsverbot vor?

Ein rechtsgeschäftliches Abtretungsverbot kann sich entweder aus einer Individualvereinbarung der beteiligten Kaufleute oder aber aus AGB ergeben.

4. Welche Rechtsfolgen enthält § 354a HGB?

Trotz der Vereinbarung eines Abtretungsverbotes ist die Abtretung nach § 354a S. 1 HGB wirksam. Dies gilt sowohl für das Verhältnis zwischen Zedent und Zessionar, als auch für das Verhältnis Zessionar und Schuldner. Dennoch kann der Schuldner nach § 354a S. 2 HGB an den Zedenten schuldbefreiend zahlen oder etwa gegenüber der Forderung die Aufrechnung erklären. Selbst wenn der Schuldner Kenntnis von der Abtretung hat, ergibt sich nichts anderes. Insoweit unterscheidet sich die Regelung von § 406 BGB.

5. Welche Rechte stehen dem Zessionar zu, wenn der Schuldner an den Zedenten leistet?

Sofern der Schuldner an den Zedenten leistet, liegt eine Leistung an einen Nichtberechtigten vor, die wegen § 354a S. 2 HGB auch dem Zessionar gegenüber wirksam ist. Dem Zessionar steht in diesem Fall ein Anspruch aus § 816 Abs. 2 BGB zu.

6. Ist § 354a HGB dispositiv?

Die Vorschrift des § 354a HGB ist zwingend. Dies ergibt sich aus dem eindeutigen Wortlaut des § 354a S. 3 HGB.

VI. Zurückbehaltungsrecht

1. Welchen Regelungsgegenstand hat § 369 HGB?

In § 369 Abs. 1 HGB ist ein besonderes kaufmännisches Zurückbehaltungsrecht an beweglichen Sachen und Wertpapieren eines anderen Kaufmannes geregelt.

2. Wie ist das kaufmännische Zurückbehaltungsrecht einzuordnen?

Das kaufmännische Zurückbehaltungsrecht aus § 369 Abs. 1 HGB besteht neben dem Zurückbehaltungsrecht aus § 273 BGB, so dass dem Kaufmann ggf. mehrere Zurückbehaltungsrechte nebeneinander zustehen können.

3. Unter welchen Voraussetzungen greift § 369 Abs. 1 S. 1 HGB ein?

Die Voraussetzungen für das Eingreifen des kaufmännischen Zurückbehaltungsrechtes aus § 369 Abs. 1 S. 1 HGB sind (zugleich Prüfungsschema):

a) Kaufmannseigenschaft von Gläubiger und Schuldner
b) Fälligkeit der Forderung
c) Beiderseitiges Handelsgeschäft
d) Bewegliche Sachen oder Wertpapiere des Schuldners
e) Besitzerlangung mit Willen des Schuldners
f) Kein Ausschluss nach § 369 Abs. 3 HGB

4. Wann ist eine Forderung fällig?

Die Fälligkeit der Forderung richtet sich nach § 271 BGB. Entscheidender Zeitpunkt ist dabei die Geltendmachung des Zurückbehaltungsrechtes.

5. Welche Forderungen können durch § 369 Abs. 1 S. 1 HGB gesichert werden?

Bei der Forderung im Sinne von § 369 Abs. 1 S. 1 HGB muss es sich grundsätzlich um eine Geldforderung handeln. Dies ergibt sich aus § 371 HGB, der davon ausgeht, dass der Gläubiger sich in der Regel aufgrund des Zurückbehaltungsrechtes befriedigen will. Der Rechtsgrund der Forderung ist dabei unerheblich, sodass sowohl Primärleistungs- und Schadensersatzansprüche, als auch Ansprüche aus Bereicherungsrecht in Betracht kommen. Ausreichend soll sein, dass die Forderung des Gläubigers in eine Geldforderung übergehen kann.

6. Setzt § 369 Abs. 1 S. 1 HGB eine Konnexität voraus?

Konnexität bedeutet, dass Anspruch und Gegenanspruch auf demselben rechtlichen Verhältnis beruhen müssen. Entgegen dem Zurückbehaltungsrecht aus § 273 Abs. 1 BGB setzt § 369 Abs. 1 HGB keine Konnexität zwischen den gegenseitigen Ansprüchen voraus.

7. Welche Gegenstände können dem Zurückbehaltungsrecht des § 369 Abs. 1 S. 1 HGB unterfallen?

Gegenstand des Zurückbehaltungsrechtes aus § 369 Abs. 1 S. 1 HGB können nur bewegliche Sachen oder Wertpapiere (Inhaber- und Namenspapiere, nicht aber Rektapapiere) sein.

Die Gegenstände müssen sich im Eigentum des Schuldners der gesicherten Forderung befinden. Wegen § 369 Abs. 1 S. 2 HGB kann das Zurückbehaltungsrecht unter Umständen auch an Gegenständen entstehen, die der Gläubiger vom Schuldner erworben hat, welche er aber zurück übertragen muss.

Auch ein späterer Eigentumswechsel beeinträchtigt das bereits entstandene Zurückbehaltungsrecht wegen § 369 Abs. 2 HGB nicht.

Weiterhin müssen sich die Gegenstände im Besitz des Gläubigers befinden. Der Besitz muss durch ein Handelsgeschäft im Sinne von § 343 Abs. 1 HGB und mit dem ausdrücklichen oder konkludenten Willen des Schuldners erworben worden sein.

8. Wann ist das Zurückbehaltungsrecht des § 369 Abs. 1 S. 1 HGB ausgeschlossen?

Nach § 369 Abs. 3 HGB ist das Zurückbehaltungsrecht des § 369 Abs. 1 S. 1 HGB ausgeschlossen, wenn eine Weisung des Schuldners oder eine entsprechende schuldrechtliche Verpflichtung des Gläubigers besteht und damit einer Zurückhaltung der Sache oder der Wertpapiere widerspricht.

Beispiel: A übergibt B zehn Computer unter der Maßgabe, ihm diese jederzeit zur Verfügung stellen zu können.

8. Welche Rechte stehen dem Inhaber des Zurückbehaltungsrechtes aus § 369 Abs. 1 S. 1 HGB zu?

Neben dem eigentlich bestehenden Zurückbehaltungsrecht aus § 369 Abs. 1 S. 1 HGB, das den Gläubiger zur Leistungsverweigerung berechtigt und im Falle der Geltendmachung der Ansprüche durch den Schuldner entsprechend § 274 Abs. 1 BGB zu einer Verurteilung Zug um Zug führt, ergibt sich aus § 371 HGB auch noch ein Befriedigungsrecht des Gläubigers.

Das Befriedigungsrecht des Gläubigers erfolgt dabei nach § 371 Abs. 2 S. 1 HGB nach den für das Pfandrecht geltenden Vorschriften der §§ 1233 ff. BGB. Allerdings ist auch hier gemäß § 371 Abs. 3 HGB ein vollstreckbarer Titel notwendig.

VII. Kontokorrent

1. Was versteht man unter einem Kontokorrent?

Der Begriff des Kontokorrents ist in § 355 Abs. 1 HGB legaldefiniert. Danach liegt ein Kontokorrent vor, wenn jemand mit einem Kaufmann derart in Geschäftsverbindung steht, dass die aus der Verbindung entspringenden beiderseitigen Ansprüche und Leistungen nebst Zinsen in Rechnung gestellt und in regelmäßigen Zeitabschnitten durch Verrechnung und Feststellung des sich für den einen oder anderen Teil ergebenden Überschusses ausgeglichen werden.

2. Wovon ist das Kontokorrent abzugrenzen?

Das Kontokorrent ist von der offenen Rechnung abzugrenzen. Bei dieser bleiben die einzelnen Forderungen rechtlich selbständig, können also noch eigenständig geltend gemacht werden, es findet im Ergebnis eine bloße Addition der Rechnungssummen statt.

3. Welchen Zweck hat ein Kontokorrent?

Das Kontokorrent dient vor allem der Vereinfachung von gegenseitig geschuldeten Zahlungen. Hierbei besteht der Vorteil, dass eine automatische Verrechnung eintritt und somit nur noch der entstehende Saldo ausgeglichen werden muss. Zudem ergibt sich aus dem Kontokorrent eine gewisse Sicherungsfunktion, da die verrechneten Forderungen nicht mehr dem Insolvenzrisiko unterliegen.

4. Unter welchen Voraussetzungen liegt ein Kontokorrent vor?

Ein Kontokorrent im Sinne von § 355 Abs. 1 HGB liegt unter folgenden Voraussetzung vor (zugleich Prüfungsschema):

a) Mindestens ein Beteiligter ist Kaufmann
b) Bestehende Geschäftsverbindung
c) Kontokorrentabrede

5. Wann liegt eine Kontokorrentabrede vor?

Eine Kontokorrentabrede im Sinne von § 355 Abs. 1 HGB liegt vor, wenn sich die Parteien einig sind, dass die aus der Geschäftsverbindung entstehenden Forderungen in den Kontokorrent eingestellt werden, dadurch ihre rechtliche Selbständigkeit verlieren und zum Rechnungsposten werden, die als solche in regelmäßigen saldiert werden und der sich ergebende Saldo von der betreffenden Partei ausgeglichen werden soll.

6. Welche Rechtsfolgen ergeben sich bei Vorliegen eines Kontokorrents?

Beim Vorliegen der Voraussetzungen des § 355 Abs. 1 HGB ergeben sich folgende Rechtsfolgen:

- Eingestellte Forderungen werden unselbständig und zum bloßen Rechnungsposten – Die Forderungen können durch den Gläubiger nicht mehr isoliert geltend gemacht oder durch den Schuldner erfüllt werden, weiterhin ist die Forderung auch nicht mehr abtretbar oder verpfändbar.

- Verrechnung der eingestellten Forderungen – Es besteht nur noch ein Saldoanspruch.

- Saldoanerkenntnis – Durch das erforderliche Anerkenntnis entsteht eine neue selbständige Forderung, deren dogmatische Begründung umstritten ist.

7. Welche Folge ergibt sich für Sicherheiten, die für einzelne eingestellte Forderungen bestehen?

Nach § 356 Abs. 1 HGB bleiben bestehende Sicherheiten grundsätzlich bestehen. Der Gläubiger darf sich nach wie vor aus der Sicherheit befriedigen, allerdings nur insoweit, als sich das Guthaben aus dem Kontokorrent und die Forderung decken.

VIII. Sorgfaltspflicht, Zinsen und Leistungszeit

1. Welche Besonderheiten ergeben sich für den Kaufmann im Hinblick auf die Sorgfaltspflicht?

Nach § 347 Abs. 1 HGB handelt ein Kaufmann nicht erst dann fahrlässig, wenn er die erforderliche Sorgfalt im allgemeinen Verkehr außer Acht lässt, sondern bereits dann, wenn er die Sorgfalt eines ordentlichen Kaufmannes missachtet.

2. Ab wann und in welcher Höhe kann ein Kaufmann bei beiderseitigen Handelsgeschäften Zinsen verlangen?

Nach § 353 S. 1 HGB kann ein Kaufmann bei einem beiderseitigen Handelsgeschäft vom Tage der Fälligkeit an Zinsen verlangen. Deren Höhe wird durch § 352 Abs. 1 S. 1 HGB auf 5 % pro Jahr festgelegt.

Bei Verzugszinsen greift § 288 BGB ein: Gem. § 288 Abs. 1 S. 2 BGB beträgt der Verzugszinssatz für das Jahr 5 % über dem jeweiligen Basiszinssatz. Bei Rechtsgeschäften, an denen ein Verbraucher nicht beteiligt ist, beträgt der Zinssatz für Entgeltforderungen gem. § 288 Abs. 2 BGB sogar 8 % über dem jeweiligen Basiszinssatz.

Ein Zinssatzrechner findet sich im Internet unter www.basiszinssatz.de.

3. Welche Besonderheiten ergeben bei Handelsgeschäften für die Leistungszeit?

Nach § 358 HGB kann bei Handelsgeschäften die Leistung nur während der gewöhnlichen Geschäftszeiten bewirkt oder gefordert werden. Insoweit wird § 271 BGB ergänzt.

Literatur

📖 Blaurock, Das Kontokorrent, JA 1981, 691 ff.
📖 Deckert, Das kaufmännische und berufliche Bestätigungsschreiben, JuS 1998, 121 ff.
📖 Diederichsen, Der „Vertragsschluß" durch kaufmännisches Bestätigungsschreiben, JuS 1966, 129 ff.
📖 Petersen, Der Gute Glaube an die Verfügungsmacht im Handelsrecht, Jura 2004, 247 ff.
📖 Petersen, Die Form des Rechtsgeschäftes, Jura 2005, 168 ff.
📖 Petersen, Rechtsgeschäftliche Abtretungsverbote im Handelsrecht, Jura 2005, 680 ff.
📖 Petersen, Schweigen im Rechtsverkehr, Jura 2003, 687 ff.
📖 Schärtl, Das kaufmännische Bestätigungsschreiben, JA 2007, 567 ff.
📖 Schmidt, Schützt § 366 I HGB den guten Glauben an die Vertretungsmacht?, JuS 1987, 936 ff.
📖 Steding, Das kaufmännische Bestätigungsschreiben – eine rechtsgeschäftliche Spezialität, JA 1998, 288 ff.
📖 Thamm/Detzer, Das Schweigen auf ein kaufmännisches Bestätigungsschreiben, DB 1997, 213 ff.

G. Besondere Handelsgeschäfte

I. Handelskauf

1. Wann liegt ein Handelskauf vor?

Der Begriff des Handelskaufs ist im Gesetz nicht genauer definiert. Ein unter §§ 373 ff. HGB fallender Kaufvertrag muss jedenfalls ein Handelsgeschäft im Sinne von §§ 343, 344 HGB sein. Gegenstand des Handelskaufes können nur Waren (vgl. § 373 HGB) oder Wertpapiere (vgl. § 381 Abs. 1 HGB) sein, nicht jedoch Grundstücke.

2. Sind die §§ 373 ff. HGB auch auf andere Vertragstypen als Kaufverträge anwendbar?

Entsprechend der ausdrücklichen Verweisung in § 381 Abs. 2 HGB sind die § 373 ff. HGB auch auf Werklieferungsverträge anwendbar. In der Literatur wird sogar eine Anwendbarkeit auf Tauschverträge angenommen.

3. Welche Besonderheiten gelten für den Annahmeverzug beim Handelskauf?

Bei einem Handelskauf werden durch § 373 HGB die mögliche Hinterlegung durch den Schuldner und der Selbsthilfeverkauf modifiziert. § 374 HGB verweist darüber hinaus ausdrücklich darauf, dass die Vorschrift des § 373 HGB die Befugnisse, die dem Verkäufer nach dem BGB zustehen, nicht berührt.

4. Welche Abweichungen ergeben sich aus § 373 Abs. 1 HGB für die Hinterlegung?

Sofern mindestens ein einseitiges Handelsgeschäft nach § 345 HGB und der Annahmeverzug im Sinne von § 293 ff. BGB gegeben sind, greift § 373 Abs. 1 HGB für die Hinterlegung durch den Schuldner ein. Danach kann er nicht nur die nach § 372 S. 1 BGB hinterlegungsfähigen Gegenstände, sondern vielmehr Waren aller Art hinterlegen. Nach § 381 Abs. 1 HGB gilt dies auch für Wertpapiere.

Weiterhin ergibt sich aus § 373 Abs. 1 HGB eine Abweichung von § 374 BGB für die Hinterlegungsstelle. Danach können Waren bzw. Wertpapiere in einem öffentlichen Lagerhaus oder sonst in sicherer Weise hinterlegt werden.

5. Welche Rechtsfolgen ergeben sich aus § 373 Abs. 1 HGB?

Sofern eine Hinterlegung nach § 373 Abs. 1 HGB erfolgt, wird der Verkäufer hierdurch lediglich von der Last der Aufbewahrung befreit. Mithin geht die Gefahr auf den Käufer über, sodass die sich aus dem BGB für den Gefahrübergang ergebenden Rechtsfolgen zu beachten sind. Die Erfüllungswirkung bei der Hinterlegung tritt auch im Falle des § 373 Abs. 1 HGB nur ein, wenn die Voraussetzungen des § 378 BGB erfüllt sind.

6. Welche Abweichungen ergeben sich aus § 373 Abs. 2 HGB für den Selbsthilfeverkauf?

Ebenso wie bei der Hinterlegung ist für das Eingreifen von § 373 Abs. 2 HGB erforderlich, dass zumindest ein einseitiges Handelsgeschäft (§ 345 HGB) und ein Annahmeverzug nach §§ 293 ff. BGB vorliegen. Abweichend zum Selbsthilfeverkauf nach §§ 383 ff. BGB ist der Ort des Verkaufs in § 373 Abs. 2 HGB nicht geregelt. Weiterhin erfolgt der Selbsthilfeverkauf nach § 373 Abs. 3 HGB für Rechnung des Käufers, d.h. dass der Verkäufer seinen Kaufpreisanspruch behält und dieser auch durch den Käufer erfüllt werden muss.

7. Welche Besonderheiten gelten für einen Bestimmungskauf?

Voraussetzung für ein Eingreifen des § 375 HGB ist zunächst, dass ein mindestens einseitiges Handelsgeschäft vorliegt und dem Käufer ein Bestimmungsrecht für die Leistung eingeräumt wurde. Als wesentliche Abweichung zu § 315 BGB ergibt sich aus § 375 Abs. 1 HGB, dass der Käufer zur Bestimmung der Leistung verpflichtet ist.

8. Welche Folgen können sich für den Käufer ergeben, wenn er seiner Bestimmungspflicht nach § 375 Abs. 1 HGB nicht nachkommt?

Sofern der Käufer mit seiner Bestimmungspflicht nach § 375 Abs. 1 HGB in Verzug ist, kann der Verkäufer alternativ wie folgt vorgehen:

- Vornahme der Leistungsbestimmung durch den Verkäufer (§ 375 Abs. 2 S. 1 Alt. 1 HGB), wobei § 375 Abs. 2 S. 2, Abs. 3 HGB zu beachten sind

- Geltendmachung von Schadensersatz statt der Leistung nach §§ 280, 281 BGB (§ 385 Abs. 2 S. 1 Alt. 2 HGB)

- Möglichkeit zum Rücktritt vom Vertrag nach § 323 BGB (§ 375 Abs. 2 S. 1 Alt. 3 HGB).

9. Welche Besonderheiten gelten für einen Fixhandelskauf?

Die Vorschrift des § 376 Abs. 1 S. 1 HGB enthält für den Fall, dass im Rahmen eines jedenfalls einseitigen Handelsgeschäftes (§ 345 HGB) vereinbart wurde, dass die Leistung des einen Teils zu einer genau fest bestimmten Zeit oder innerhalb einer fest bestimmten Frist bewirkt werden soll, ein Rücktrittsrecht (§ 376 Abs. 1 S. 1 Alt. 1 HGB) sowie einen Anspruch auf Schadensersatz statt der Leistung (§ 376 Abs. 1 S. 1 Alt. 2 HGB). Abweichend vom Wortlaut der Norm („oder") kann der Rücktritt auch neben dem Schadensersatz erklärt werden. Dies ergibt sich aus § 325 BGB.

Zudem kann gemäß § 376 Abs. 1 S. 2 HGB nach Ablauf der Frist oder des bestimmten Zeitraumes nur noch dann Erfüllung verlangt werden, wenn der andere Teil unmittelbar nach dem Ablauf der Zeit oder der Frist dem Gegner das Bestehen auf Erfüllung anzeigt.

10. Was ist im Hinblick auf das in § 376 Abs. 1 S. 1 Alt. 1 HGB enthaltene Rücktrittsrecht zu beachten?

Das in § 376 Abs. 1 S. 1 Alt. 1 HGB geregelte Rücktrittsrecht ist nicht an die Setzung einer Frist gebunden. Insoweit ergibt sich letztendlich keine Abweichung zu § 323 Abs. 2 Nr. 2 BGB (relatives Fixgeschäft).

11. Was ist im Hinblick auf den in § 376 Abs. 1 S. 1 Alt. 2 HGB enthaltenen Schadensersatzanspruch zu beachten?

Der in § 376 Abs. 1 S. 1 Alt. 2 HGB enthaltene Schadensersatzanspruch stellt einen Schadensersatzanspruch statt der Leistung im Sinne von §§ 280 Abs. 1, 281 Abs. 1 BGB dar, bei dem die Setzung einer angemessenen Frist entbehrlich ist. Insoweit ergibt sich – anderes als beim Rücktritt – eine Abweichung von den Regeln des BGB, da § 281 Abs. 2 BGB keine Ausnahme vom Fristsetzungserfordernis für relative Fixgeschäfte macht.

Die Berechung des Schadens erfolgt bei einem Anspruch nach § 376 Abs. 1 S. 1 Alt. 2 HGB nach § 376 Abs. 2 – 4 HGB.

12. Was wird dem Käufer durch § 377 HGB auferlegt?

Durch § 377 HGB wird dem Käufer einer Sache eine Untersuchungs- und Rügeobliegenheit auferlegt. Die Obliegenheit bedeutet dabei, dass keine dahingehende Pflicht besteht, allerdings bei einer Nichtvornahme des entsprechenden Verhaltens rechtliche Nachteile für den Käufer entstehen können. Unterlässt der Käufer Untersuchung und Rüge, so können – bei Vorliegen der Voraussetzungen von § 377 HGB – die Gewährleistungsrechte aus §§ 434 ff. BGB ausgeschlossen sein.

13. Wo ist § 377 HGB im Prüfungsaufbau zu berücksichtigen?

Die Vorschrift des § 377 HGB ist als Ausschlussgrund im Rahmen der Mängelgewährleistungsrechte des § 437 BGB zu prüfen. Danach kommt es nie zu einer isolierten Prüfung des § 377 HGB.

14. Unter welchen Voraussetzungen greift § 377 HGB ein?

Die Voraussetzungen für das Eingreifen von § 377 HGB sind (zugleich Prüfungsschema):

a) Beiderseitiges Handelsgeschäft
b) Ablieferung durch den Verkäufer
c) Untersuchung der Kaufsache
d) Mangel der Kaufsache
e) Erkennbarkeit des Mangels
f) Kein arglistiges Verschweigen des Mangels
g) Keine rechtzeitige Rüge

Zum Begriff des beiderseitigen Handelsgeschäftes vgl. oben F. I. 4., S. 55.

15. Wann liegt die *Ablieferung der Kaufsache* durch den Verkäufer im Sinne von § 377 Abs. 1 HGB vor?

Eine Ablieferung im Sinne von § 377 Abs. 1 HGB liegt vor, wenn die Waren derart in den Machtbereich des Käufers gelangt sind, dass dieser die tatsächliche Möglichkeit zu ihrer Untersuchung hat. Die Ablieferung ist daher nicht zwingend mit dem Gefahrübergang identisch. Fehlen etwa noch Papiere, so ist die maßgebliche Möglichkeit der Untersuchung nicht gegeben.

16. Wann liegt eine *Untersuchung der Kaufsache* im Sinne von § 377 Abs. 1 HGB vor?

Eine Untersuchung im Sinne von § 377 Abs. 1 HGB liegt vor, wenn der Käufer überprüft hat, ob die gelieferten Waren der bestellten Menge und Qualität entsprechen. Wie sich aus § 377 Abs. 1 HGB ergibt, ist die Untersuchung vorzunehmen, soweit dies nach ordnungsmäßigem Geschäftsgang tunlich ist. Hieraus können Rückschlüsse auf Inhalt und Umfang der Untersuchungspflicht gezogen werden. Insgesamt ist im Hinblick auf die Anforderungen an die Untersuchung ein objektiver Maßstab anzulegen und damit auf die Untersuchung durch einen branchentypischen Käufer abzustellen.

17. Ist im Rahmen von § 377 HGB die Mangelhaftigkeit der Kaufsache ausführlich zu prüfen?

Die Mangelhaftigkeit der Kaufsache nach § 434 BGB ist bereits zuvor im Rahmen der Voraussetzungen des § 437 BGB erörtert worden, insoweit kann bei der Prüfung des § 377 HGB nach oben verwiesen werden.

18. Wann ist ein Mangel im Sinne von § 377 HGB erkennbar?

Aus § 377 Abs. 2 HGB ergibt sich, dass der Mangel grundsätzlich erkennbar sein muss. Erkennbarkeit ist jedenfalls dann gegeben, wenn der Mangel bei der Ablieferung offensichtlich ist. Soweit dies nicht der Fall ist, muss nach der Verkehrsauffassung bestimmt werden, welche Untersuchungsmaßnahmen der Käufer vorzunehmen hat. Grundsätzlich ist dabei anzunehmen, dass der Käufer die gelieferten Waren stichprobenartig zu untersuchen hat. Regelmäßig wird dabei eine Untersuchung von 5% der gelieferten Ware als Maßstab angenommen.

Liegt ein versteckter Mangel vor, so greift § 377 HGB zunächst nicht ein. Allerdings muss der Käufer gemäß § 377 Abs. 3 HGB unverzüglich nach Auftreten eines solchen Mangels rügen, da ansonsten ebenfalls die Rechtsfolgen der Verletzung der Untersuchungs- und Rügeobliegenheit eintreten können. Insoweit kommt es also nur zu einer zeitlichen Verschiebung der Rügeobliegenheit. Ein verdeckter Mangel ist dabei gegeben, wenn er entweder nicht offensichtlich ist oder im Rahmen der im Bereich der Zumutbarkeit liegenden Untersuchung nicht erkannt werden konnte.

19. Wann liegt *ein arglistiges Verschweigen des Mangels* nach § 377 Abs. 5 HGB vor?

Arglistiges Verschweigen im Sinne des § 377 Abs. 5 HGB ist gegeben, wenn der Verkäufer den Mangel entweder positiv kennt oder mit dem Vorhandensein rechnet und mit Täuschungsabsicht einen dahingehenden Hinweis an den Käufer unterlässt. Das arglistige Verschweigen des Mangels durch den Verkäufer führt dazu, dass § 377 HGB nicht eingreift.

20. Wann liegt eine *rechtzeitige Rüge* im Sinne von § 377 HGB vor?

Die Rüge gegenüber dem Verkäufer muss – ebenso wie die Untersuchung – unverzüglich im Anschluss an die erforderliche Untersuchung erfolgen. Unverzüglich bedeutet nach der Legaldefinition des § 121 Abs. 1 S. 1 BGB ohne schuldhaftes Zögern.

Zu differenzieren ist dabei, wie bereits erörtert, zwischen erkennbaren und nicht erkennbaren Mängeln. Bei nicht sofort oder im Rahmen einer ordnungsgemäßen Untersuchung nicht erkennbaren Mängeln ist die Rüge nach § 377 Abs. 3 HGB unverzüglich nach Entdeckung des Mangels vorzunehmen.

Zu beachten ist darüber hinaus, dass es bei der Rechtzeitigkeit der Mängelrüge nicht auf den Zugang beim Verkäufer, sondern nach § 377 Abs. 4 HGB vielmehr auf den Zeitpunkt der Absendung durch den Käufer ankommt.

21. Welchen Inhalt muss die Mängelanzeige haben?

Inhaltlich muss die Mängelanzeige keine Einzelheiten enthalten, vielmehr genügt es, wenn der gerügte Mangel so genau bezeichnet ist, dass der Verkäufer diesen erkennen und dementsprechende Dispositionen treffen kann.

22. Welche Rechtsfolgen ergeben sich bei einer nicht ordnungsgemäß erfolgten Rüge?

Nimmt der Käufer keine ordnungsgemäße Rüge entsprechend der zuvor dargestellten Anforderungen vor, so gilt nach § 377 Abs. 2 HGB die Ware als genehmigt (Fiktion). Der Käufer muss sich dann so behandeln lassen, als sei die abgelieferte Ware eine mangelfreie und vertragsgemäße Leistung. In Konsequenz kann der Käufer dann keine Mängelrechte mehr geltend machen. Der Verkäufer behält hingegen den vollen Kaufpreisanspruch.

Nicht erfasst von der Genehmigungswirkung werden allerdings deliktische Ansprüche des Käufers.

II. Kommissionsgeschäft

1. Was versteht man unter einem Kommissionär?

Nach der Legaldefinition in § 383 Abs. 1 HGB ist Kommissionär, wer es gewerbsmäßig übernimmt, Waren oder Wertpapiere für Rechnung eines anderen, des Kommittenten, in eigenem Namen zu kaufen oder zu verkaufen.

2. Welche Rechtsverhältnisse bestehen bei der Kommission?

Bei der Kommission bestehen drei Rechtsverhältnisse. Zum einen besteht zwischen dem Kommissionär und dem Kommittenten der eigentliche Kommissionsvertrag. Zwischen dem Kommissionär und dem Dritten wird zudem das sog. Ausführungsgeschäft getätigt. Als letztes existiert zwischen dem Kommissionär und dem Kommittenten noch das Abwicklungsgeschäft.

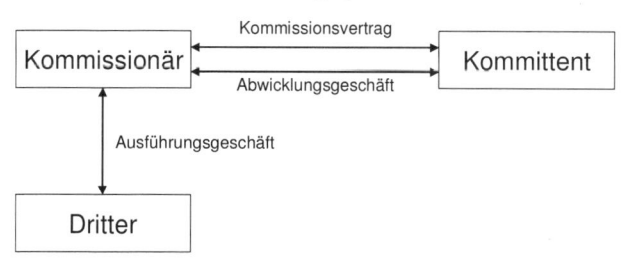

```
                    Kommissionsvertrag
   ┌─────────────┐ ◄──────────────────► ┌───────────┐
   │ Kommissionär│                      │ Kommittent│
   └─────────────┘    Abwicklungsgeschäft└───────────┘
        ▲
        │  Ausführungsgeschäft
        ▼
   ┌─────────────┐
   │   Dritter   │
   └─────────────┘
```

3. Wie ist der Kommissionsvertrag rechtlich zu qualifizieren?

Der Kommissionsvertrag zwischen Kommissionär und Kommittent ist ein entgeltlicher gegenseitiger Geschäftsbesorgungsvertrag nach § 675 BGB. Dieser ist regelmäßig als Dienstvertrag zu qualifizieren, sofern eine ständige Verbindung der Parteien gegeben ist. Geht es lediglich um Einzelgeschäfte, liegt ein Werkvertrag vor. Im Gegenseitigkeitsverhältnis stehen dabei der Provisionsanspruch des Kommissionärs nach § 396 Abs. 1 HGB und der Anspruch auf Durchführung des Ausführungsgeschäftes aus § 384 Abs. 1 HGB.

4. Welche Rechte und Pflichten bestehen für den Kommissionär?

Zunächst trifft den Kommissionär aus § 384 Abs. 1 HGB die Pflicht, das übernommene Geschäft mit der Sorgfalt eines ordentlichen und gewissenhaften Kaufmannes auszuführen, dabei die Interessen des Kommittenten wahrzunehmen und dessen Weisungen zu befolgen. Darüber hinaus muss der Kommissionär nach § 384 Abs. 2 HGB zum einen dasjenige an den Kommittenten herausgeben, was er durch die Ausführung des Geschäftes erlangt und zum anderen besteht ebenfalls aus § 384 Abs. 2 HGB eine entsprechende Benachrichtigungs- und Rechenschaftspflicht.

Dem Kommissionär steht primär der Provisionsanspruch aus § 396 Abs. 1 HGB zu, aus § 396 Abs. 2 HGB folgt ein Aufwendungsersatzanspruch. Weiterhin steht ihm für sämtliche Ansprüche gegenüber dem Kommittenten gemäß § 397 HGB ein gesetzliches Pfandrecht am Kommissionsgut zu. Aus § 400 HGB folgt zudem ein Selbsteintrittsrecht des Kommissionärs, sofern keine entgegenstehende Weisung nach § 384 Abs. 1 HGB besteht. Im Falle des Selbsteintrittes bleibt der Kommissionär nach § 403 HGB provisionsberechtigt.

5. Was ist im Hinblick auf das Ausführungsgeschäft zu beachten?

Unter dem Ausführungsverhältnis ist das Vertragsverhältnis zwischen Kommissionär und Drittem zu verstehen. Rechte und Pflichten aus diesem Verhältnis treffen nur die genannten Parteien, nicht also den Kommittenten. Dieser ist nur der am Ende wirtschaftlich betroffene Hintermann.

Der Kommissionär handelt daher in eigenem Namen, allerdings auf fremde Rechnung. Somit liegt ein Fall der mittelbaren Stellvertretung vor. Anders als bei der echten Stellvertretung kommen zwischen dem Dritten und dem Kommittenten keinerlei rechtliche Beziehungen zustande.

6. Kann der Kommittent gegen den Dritten vorgehen, wenn es im Ausführungsgeschäft zu einer Pflichtverletzung gekommen ist?

Nach dem zuvor Gesagten treffen den Kommittenten nur die wirtschaftlichen Folgen des Ausführungsgeschäftes, nicht aber die rechtlichen. Daher kann er auch keine Ansprüche wegen einer Pflichtverletzung des Dritten geltend machen. Aufgrund der Tatsache, dass aber die wirtschaftlichen Folgen einer Pflichtverletzung den Kommittenten treffen (Handeln des Kommissionärs auf fremde Rechnung), entsteht der Schaden nicht beim Kommissionär, sondern vielmehr beim Kommittenten. Daher handelt es sich bei der Kommission um einen Fall der Drittschadensliquidation.

7. Was gilt im Hinblick auf Forderungen aus dem Ausführungsgeschäft?

Aufgrund der Tatsache, dass der Kommissionär in eigenem Namen handelt, stehen auch die Forderungen aus dem Ausführungsgeschäft zunächst nur diesem zu. § 392 Abs. 1 HGB ordnet daher auch folgerichtig an, dass der Kommittent nur Forderungen aus dem Ausführungsgeschäft geltend machen kann, wenn diese abgetreten worden sind. Folglich kann der Kommissionär dem Grunde nach frei über die Forderungen verfügen, diese etwa an einen Dritten abtreten. Der Kommittent hat gegen den Kommissionär aus § 384 Abs. 2 HGB jedoch einen Anspruch auf Abtretung.

Zum Schutz des Kommittenten gelten jedoch die Forderungen – auch wenn sie noch nicht abgetreten sind – im Verhältnis zwischen dem Kommittenten und dem Kommissionär oder dessen Gläubigern als Forderungen des Kommittenten. Dementsprechend braucht der Kommittent Verfügungen des Kommissionärs über Forderungen zu Gunsten von dessen Gläubiger nicht gegen sich gelten zu lassen.

Beispiel: K ist Kommissionär. Ihm steht aus einem Ausführungsgeschäft eine Kaufpreisforderung in Höhe von 1.000 € gegen A zu. Er tritt diese Forderung an seinen Gläubiger G ab. Hier greift § 392 Abs. 2 HGB ein, wonach G (relativ) im Verhältnis zum Kommittenten nicht Inhaber der Forderung geworden ist. K hat insoweit als Nichtberechtigter verfügt.

8. Ist § 392 Abs. 2 HGB auch anwendbar, wenn der Vertragspartner des Ausführungsgeschäftes mit einer anderen Forderung gegen den Kommissionär aufrechnet?

Bei dieser Frage ist zwischen konnexen und inkonnexen Forderungen zu differenzieren. Konnexe Forderungen sind dabei solche, die aus dem gleichen Rechtsverhältnis entstammen.

Beispiel: Konnexe Forderungen sind etwa Ansprüche auf Schadensersatz wegen Verzugs mit der Leistung aus dem Ausführungsverhältnis. Eine inkonnexe Forderung wäre etwa ein Darlehensrückzahlungsanspruch, der dem Dritten gegen den Kommissionär zusteht.

Bei konnexen Forderungen besteht Einigkeit darüber, dass § 392 Abs. 2 HGB teleologisch zu reduzieren ist und somit der Aufrechnung durch den Schuldner der Forderung nicht entgegensteht.

Im Hinblick auf inkonnexe Forderungen ist die Frage der Anwendbarkeit von § 392 Abs. 2 HGB umstritten. Teilweise wird die Anwendbarkeit von § 392 Abs. 2 HGB in dieser Situation angenommen. Folglich ist die Aufrechnung durch den Dritten nicht möglich. Dies wird damit begründet, dass der Dritte bei inkonnexen Forderungen eine ähnliche Stellung wie ein Drittgläubiger habe und somit nicht schutzwürdig sei.

Mehrheitlich wird die Anwendbarkeit des § 392 Abs. 2 HGB jedoch abgelehnt, sodass eine Aufrechnung auch mit einer inkonnexen Forderung möglich wäre. Dies gilt allerdings nur, sofern der Dritte sich die Gegenforderung nicht arglistig verschafft hat. Dies wird damit begründet, dass der Dritte nicht nur Gläubiger, sondern vor allem auch Vertragspartner sei. Diese Doppelrolle sei aber von

§ 392 Abs. 2 HGB nicht erfasst. Insgesamt sei § 392 Abs. 2 HGB eine Ausnahmevorschrift und als solche eng auszulegen.

9. Gilt § 392 Abs. 2 HGB auch im Hinblick auf Surrogate der Forderung?

Ob § 392 Abs. 2 HGB auch im Hinblick auf Surrogate der Forderung gilt, ist umstritten. Surrogat in diesem Sinne sind bei der Verkaufskommission der Kaufpreis und bei der Einkaufskommission das Kommissionsgut, die der Kommissionär aufgrund des Ausführungsgeschäftes bereits erhalten hat, sowie Leistungen, die an Erfüllungs statt erbracht worden sind. Teilweise wird dies unter Bezugnahme auf den hinter § 392 Abs. 2 HGB stehenden Rechtsgedanken angenommen, solange das Surrogat unterscheidbar im Vermögen des Kommissionärs vorhanden ist. Mehrheitlich wird die entsprechende Anwendung des § 392 Abs. 2 HGB auf Surrogate aber abgelehnt. Dies folgt schon daraus, dass in der Vorschrift des § 392 Abs. 2 HGB keine derartige dingliche Surrogation angeordnet wird.

10. Was ist im Hinblick auf das Abwicklungsgeschäft zu beachten?

Im Rahmen des Abwicklungsgeschäftes leitet der Kommissionär die Rechtswirkungen des Ausführungsgeschäftes auf den Kommittenten über. Hierbei handelt es sich um die Verpflichtung des Kommissionärs aus § 384 Abs. 2 HGB.

III. Fracht-, Speditions- und Lagergeschäft

1. Was versteht man unter einem Frachtgeschäft?

Ein Frachtgeschäft ist nach § 407 HGB ein Handelsgeschäft, durch das sich der Frachtführer verpflichtet, gegen Zahlung einer Fracht ein Gut zu einem Bestimmungsort zu befördern und dort an den Empfänger abzuliefern. Die Beförderung kann dabei zu Lande, auf Binnengewässern oder mit Luftfahrzeugen erfolgen.

2. Was versteht man unter einem Speditionsgeschäft?

Durch den Speditionsvertrag wird gemäß § 453 Abs. 1 HGB der Spediteur verpflichtet, die Versendung eines Gutes zu besorgen.

Er führt daher die Beförderung grundsätzlich nicht selber durch, sondern schließt mit einem Frachtführer einen Vertrag auf eigene Rechnung und überlässt diesem die Beförderung. Die Stellung des Spediteurs ist mit der eines Kommissionärs vergleichbar. Auch dieser steht mit zwei Parteien in vertraglicher Verbindung.

3. Was versteht man unter einem Lagergeschäft?

Nach § 467 HGB ist der Lagerhalter verpflichtet, gegen die vereinbarte Vergütung ein Gut zu lagern und aufzubewahren.

Literatur
- Herresthal, Der Anwendungsbereich der Regelungen über den Fixhandelskauf (§ 376 HGB) unter Berücksichtigung des reformierten Schuldrechts, ZIP 2006, 883 ff.
- Lettl, Die Untersuchungs- und Rügepflicht nach § 377 HGB, Jura 2006, 721 ff.
- Lettl, Handelsrecht, 1. Auflage 2007, § 12
- Mankowski, Das Zusammenspiel der Nacherfüllung mit den kaufmännischen Untersuchungs- und Rügeobliegenheiten, NJW 2006, 865 ff.
- Müller, Zu den Folgen des Rügeversäumnisses iSd § 377 HGB, ZIP 2002, 1178 ff.
- Peters, Zum Anwendungsbereich des § 377 HGB, JZ 2006, 230 ff.
- v. Hoyningen-Huene, Der Handelskauf, Jura 1982, 8 ff.

H. Handelsvertreter, Handelsmakler und Handlungsgehilfe

I. Der Handelsvertreter

1. Was versteht man unter einem Handelsvertreter?

Nach § 84 Abs. 1 S. 1 HGB ist Handelsvertreter, wer als selbstständiger Gewerbetreibender ständig damit betraut ist, für einen anderen Unternehmer Geschäfte zu vermitteln oder in dessen Namen abzuschließen.

2. Welche Arten von Handelsvertreter sind zu unterscheiden?

Zu differenzieren ist zwischen dem sog. Vermittlungsvertreter, der lediglich mit der bloßen Vermittlung von Geschäften betraut ist (vgl. § 91a Abs. 1 HGB), also den Abschluss eines Geschäftes durch Einwirkung auf einen Dritten fördert, und dem sog. Abschlussvertreter, der auch mit dem Abschluss von Geschäften und nicht nur mit der Vermittlung solcher betraut ist. Im Zweifel ist anzunehmen, dass der Handelsvertreter nur Vermittlungsvertreter ist. Zu einer Einordnung als Abschlussvertreter sind nämlich ein besonderer Auftrag und eine entsprechende Bevollmächtigung notwendig. Bei der erforderlichen Vollmacht handelt es sich um eine Handlungsvollmacht im Sinne von §§ 54, 55 HGB.

3. Unter welchen Voraussetzungen ist eine Person als Handelsvertreter zu bezeichnen?

Die Einordnung einer Person als Handelsvertreter ist gegeben, wenn folgende Voraussetzungen vorliegen (zugleich Prüfungsschema):

a) Selbstständiger Gewerbetreibender
b) Vermittlung oder Abschluss von Geschäften für einen anderen Unternehmer
d) Ständige Betrauung

4. Wann ist eine Person als selbstständiger Gewerbetreibender im Sinne von § 84 Abs. 1 S. 1 HGB zu qualifizieren?

Gemäß § 84 Abs. 1 S. 2 HGB ist selbstständig, wer seine Tätigkeit im Wesentlichen frei gestalten und seine Arbeitszeit bestimmen kann. Es ist jeweils eine Beurteilung für den konkreten Einzelfall vorzunehmen, die sich nach dem Gesamterscheinungsbild des Handelnden, insbesondere des geschlossenen Vertrages, richtet. Die Art der Tätigkeit ist dabei unerheblich. Als Abgrenzungskriterien können Ort, Zeit, Art und Weise von Tätigkeit und Vergütung sowie das Unternehmerrisiko herangezogen werden.

Derjenige, der die Voraussetzungen des § 84 Abs. 1 S. 2 HGB nicht erfüllt, gilt gemäß § 84 Abs. 2 HGB als Angestellter. In diesem Fall ist das Arbeitsrecht anzuwenden.

Der Begriff des Gewerbes in § 84 Abs. 1 S. 1 HGB entspricht demjenigen des § 1 HGB. Kaufmann im Sinne der §§ 1 – 6 HGB muss der Handelsvertreter nicht sein. Es kommt vielmehr nur auf das Vorliegen eines Gewerbes an. Ausreichend ist nach § 84 Abs. 4 HGB auch ein Kleingewerbe.

5. Wann liegt die Vermittlung oder der Abschluss von Geschäften für einen anderen Unternehmer im Sinne von § 84 Abs. 1 S. 1 HGB vor?

Die von dem Handelsvertreter vermittelten oder abgeschlossenen Geschäfte müssen zunächst für einen anderen Unternehmer erfolgen. Hierbei muss es sich nicht um einen Kaufmann handeln. Der Begriff des Unternehmers im Sinne von § 84 Abs. 1 S. 1 HGB ist dabei weit auszulegen. Bei der Bestimmung ist eine Orientierung an § 14 BGB möglich.

Die Vermittlung von Geschäften liegt vor, wenn der Handelsvertreter den Abschluss eines Geschäftes des Unternehmers mit einem Dritten durch Einwirkung auf den Dritten fördert. Eine Mitursächlichkeit für den Geschäftsabschluss genügt, nicht jedoch der bloße Nachweis der Gelegenheit eines Geschäftes, die Schaffung von Geschäftskontakten, die Kontaktpflege oder die Kundenbetreuung.

Der Abschluss von Geschäften liegt vor, wenn der Handelsvertreter neben der Vermittlung auch den Abschluss des Vertrages vollzieht. Hierzu sind ein entsprechender Auftrag und eine dahingehende Vollmacht notwendig, vgl. oben H. I. 2., S. 86.

6. Wann ist eine ständige Betrauung im Sinne von § 84 Abs. 1 S. 1 HGB gegeben?

Eine ständige Betrauung ist gegeben, wenn zwischen dem Unternehmer und dem Handelsvertreter ein Geschäftsbesorgungsvertrag im Sinne von §§ 611, 675 BGB vorliegt, der auf Dauer und auf den Abschluss bzw. die Vermittlung einer unbestimmten Vielzahl von Geschäften gerichtet ist.

7. Was gilt, wenn ein Vermittlungsvertreter ohne Vertretungsmacht ein Geschäft abgeschlossen hat?

Gemäß § 91a Abs. 1 HGB gilt ein Geschäft, das ein Vermittlungsvertreter im Namen des Unternehmers geschlossen hat, als genehmigt, wenn der Unternehmer nicht unverzüglich nachdem er über den Abschluss unterrichtet worden ist, dem Dritten gegenüber das Geschäft ablehnt. Voraussetzung ist, dass dem Dritten der Mangel der Vertretungsmacht nicht bekannt war. Bezüglich der sich ergebenden Genehmigung wird auf § 177 Abs. 1 BGB verwiesen, wonach das geschlossene Geschäft mit der Genehmigung für und gegen den Vertretenen gilt.

8. Welche Pflichten treffen den Handelsvertreter?

Die wesentlichen Pflichten des Handelsvertreters ergeben sich zum einen aus der bestehenden vertraglichen Grundlage zwischen dem Unternehmer und dem Handelsvertreter, aber auch aus dem HGB selbst. Insbesondere ist der Handelsvertreter gemäß § 86 Abs. 1 HGB zum Tätigwerden verpflichtet. Was jeweils in den Rahmen dieses Pflichtenkreises fällt richtet sich vor allem danach, ob ein Vermittlungsvertreter oder ein Abschlussvertreter tätig werden soll.

Über die Pflicht zum Tätigwerden hinaus trifft den Handelsvertreter aus § 86 Abs. 1 HGB auch die Pflicht, bei seiner Tätigkeit die Interessen des Unternehmers wahrzunehmen. Hieraus ergibt sich etwa eine Pflicht zur Loyalität, er darf vor allem also nicht für einen Konkurrenten tätig werden.

Aus § 86 Abs. 2 HGB ergibt sich weiter die Pflicht des Handelsvertreters, den Unternehmer über jede Geschäftsvermittlung und jeden Geschäftsabschluss zu unterrichten.

Gemäß § 90 HGB ist der Handelsvertreter auch verpflichtet, keine Geschäfts- und Betriebsgeheimnisse zu verwerten oder anderen mitzuteilen. Dies gilt auch nach Beendigung des Vertragsverhältnisses mit dem Unternehmer.

9. Welche Gegenleistung erhält der Handelsvertreter für seine Tätigkeit?

Der Handelsvertreter hat gegen den Unternehmer einen Provisionsanspruch. Die Provision stellt die Gegenleistung für die Tätigkeit des Handelsvertreters dar.

Nach § 87 Abs. 1 S. 1 HGB steht dem Handelsvertreter eine Provision für alle Geschäfte zu, die auf seine Tätigkeit zurückzuführen sind oder mit Dritten abgeschlossen werden, die er als Kunde für Geschäfte der gleichen Art geworben hat.

Die Vorschrift des § 87 Abs. 2 HGB gewährt dem Handelsvertreter auch dann einen Provisionsanspruch, wenn das Geschäft mit dem Dritten ohne seine Mitwirkung abgeschlossen wurde, sofern ihm ein bestimmter Bezirk oder Kundenkreis zugewiesen ist. Die Fälligkeit der zu zahlenden Provision richtet sich nach § 87a HGB.

10. Bestehen Provisionsansprüche nur während der Laufzeit des Handelsvertretervertrages?

Gemäß § 87 Abs. 3 HGB kann dem Handelsvertreter auch nach Beendigung des Handelsvertretervertrages mit dem Unternehmer noch ein Provisionsanspruch zustehen, wenn er das Geschäft entweder vermittelt oder jedenfalls entscheidend vorbereitet hat und das Geschäft innerhalb einer angemessenen Frist nach Beendigung des Handelsvertretervertrages abgeschlossen worden ist (§ 87 Abs. 3 S. 1 Nr. 1 HGB) oder das Angebot des Dritten auf Vertragsschluss dem Handelsvertreter oder dem Unternehmer schon vor Beendigung des Handelsvertretervertrages zugegangen ist (§ 87 Abs. 3 S. 1 Nr. 2 HGB).

Sofern ein Anspruch auf Provision eines ausgeschiedenen Handelsvertreters nach § 87 Abs. 3 S. 1 HGB gegeben ist, entfällt gemäß § 87 Abs. 1 S. 2 bzw. § 87 Abs. 2 S. 1 HGB der jeweilige Provisionsanspruch für einen neuen Handelsvertreter.

11. Gibt es besondere Provisionsarten?

Die Delkredereprovision nach § 86b HGB und die Inkassoprovision nach § 87 Abs. 4 HGB können als besondere Provisionsarten bezeichnet werden. Ein Anspruch auf Delkredereprovision besteht dann, wenn sich der Handelsvertreter gemäß § 86b Abs. 1 S. 1 HGB dazu verpflichtet, für die Erfüllung der Verbindlichkeit aus einem Geschäft einzustehen. Der Anspruch auf Zahlung der Inkassoprovision entsteht gemäß § 86 Abs. 4 HGB, wenn der Handelsvertreter entsprechend seines Auftrages Geldbeträge von Dritten einzieht.

12. Wie kann das Rechtsverhältnis zwischen Handelsvertreter und Unternehmer beendet werden?

Der zwischen dem Unternehmer und dem Handelsvertreter bestehende Vertrag kann, sofern er auf unbestimmte Zeit eingegangen wurde, gemäß § 89 HGB durch ordentliche fristgebundene Kündigung oder gemäß § 89a HGB durch außerordentliche Kündigung aus wichtigem Grund beendet werden. Sofern der Vertrag auf bestimmte Zeit abgeschlossen worden ist, endet er entweder durch Zeitablauf oder kann gemäß § 89a HGB durch außerordentliche Kündigung aus wichtigem Grund beendet werden.

13. Wofür wird der Ausgleichsanspruch des § 89b HGB gewährt?

Der Ausgleichanspruch aus § 89b HGB ist eine Sondervergütung, die dem Handelsvertreter nach Beendigung des Handelsvertretervertrages zustehen kann. Dieser wird dem Handelsvertreter für die Mitwirkung bei der Schaffung eines wirtschaftlich wertvollen Kundenstamms gewährt, den der Unternehmer nunmehr alleine nutzen kann. Die h.M. geht davon aus, dass diese Sondervergütung gerechtfertigt ist, weil die genannte Leistung des Handelsvertreters durch die eigentliche Provision noch nicht abgegolten ist.

14. Unter welchen Voraussetzungen wird ein Ausgleichsanspruch nach § 89b HGB gewährt?

Die Voraussetzungen für das Bestehen eines Ausgleichanspruchs nach § 89b HGB sind (zugleich Prüfungsschema):

a) Beendetes Handelsvertreterverhältnis
b) Werbung neuer Kunden sowie daraus resultierende erhebliche Vorteile des Unternehmers (§ 89b Abs. 1 S. 1 Nr. 1 HGB)
c) Verlust von Provisionsansprüchen des Handelsvertreters (§ 89b Abs. 1 S. 1 Nr. 2 HGB)
d) Ausgleichanspruch entspricht der Billigkeit (§ 89b Abs. 1 S. 1 Nr. 3 HGB)
e) Anspruch nicht ausgeschlossen (§ 89b Abs. 3 HGB)

15. Wann ist der Ausgleichsanspruch nach § 89b HGB ausgeschlossen?

Der Ausgleichsanspruch des Handelsvertreters ist ausgeschlossen, wenn einer der Gründe aus § 89b Abs. 3 HGB gegeben ist. Danach ist der Anspruch ausgeschlossen, wenn:

- der Handelsvertreter das Vertragsverhältnis gekündigt hat, es sei denn, ein Verhalten des Unternehmers hat hierzu begründeten Anlass gegeben oder dem Handelsvertreter kann eine Fortsetzung seiner Tätigkeit aufgrund seines Alters oder wegen Krankheit nicht mehr zugemutet werden (§ 89b Abs. 3 Nr. 1 HGB),

- für die Kündigung durch den Unternehmer ein wichtiger Grund wegen schuldhaftem Verhalten des Handelsvertreters vorlag (§ 89b Abs. 3 Nr. 2 HGB)

    oder

- der Handelsvertreter mit einem Dritten eine Vereinbarung über den Eintritt des Dritten in das Handelsvertreterverhältnis getroffen hat (§ 89b Abs. 3 Nr. 3 HGB).

16. Kann der Ausgleichsanspruch nach § 89b HGB ausgeschlossen werden?

Zwar ist grundsätzlich eine Vereinbarung zwischen Unternehmer und Handelsvertreter möglich, nach der ein Ausgleichsanspruch nach § 89b HGB ausgeschlossen ist, doch kann ein solcher Ausschluss gemäß § 89b Abs. 4 S. 1 HGB nicht im Voraus erfolgen. Folglich kann eine Vereinbarung, die den Ausschluss des Ausgleichsanspruchs nach § 89b HGB zum Gegenstand hat, nur wirksam nach der Beendigung des Vertragsverhältnisses zwischen dem Unternehmer und dem Handelsvertreter geschlossen werden.

17. Gibt es Fälle, in denen die Vorschriften über den Handelsvertreter analog angewendet werden?

Es gibt neben dem Handelsvertreter (Tätigwerden im fremden Namen, auf fremde Rechnung und auf Dauer) und dem Kommissionär (Tätigwerden im eigenen Namen, auf fremde Rechnung und nicht auf Dauer) einige Mischformen bezüglich selbstständiger Hilfspersonen im Handelsrecht, auf die die Regeln über den Handelsvertreter analoge Anwendung finden:

- *Kommissionsagent* – Ein Kommissionsagent ist als selbstständiger Gewerbetreibender ständig damit betraut, im eigenen Namen, allerdings auf fremde Rechnung für einen anderen Unternehmer Verträge abzuschließen.

- *Vertragshändler* – Ein Vertragshändler verkauft im eigenen Namen und auf eigene Rechnung Waren eines Herstellers, ist jedoch aufgrund eines Vertrages ähnlich wie ein Handelsvertreter in die Vertriebsorganisation des Herstellers eingebunden.

- *Franchisenehmer* – Auch der Franchisenehmer wird im eigenen Namen und auf eigene Rechnung tätig. Hinzu kommt ein Vertragsverhältnis zu einem Unternehmer, über welches dem Franchisenehmer Marketingkonzepte, Schutzrechte, usw. zur Verfügung gestellt werden.

II. Der Handelsmakler

1. Was versteht man unter einem Handelsmakler?

Nach § 93 Abs. 1 HGB ist Handelsmakler, wer gewerbsmäßig für andere Personen die Vermittlung von Verträgen über die Anschaffung oder Veräußerung von beweglichen Waren oder Wertpapieren, über Versicherungen, Güterbeförderungen, Schiffsmiete oder sonstige Gegenstände des Handelsverkehrs übernimmt, ohne dabei ständig damit betraut zu sein.

2. Welche Vorschriften regeln das Handelsmaklerverhältnis?

Auf das Handelsmaklerverhältnis sind vorrangig die Regeln der §§ 93 ff. HGB anzuwenden. Darüber hinaus kommen subsidiär die allgemeinen Regeln über den Maklervertrag der §§ 652 ff. BGB zur Anwendung.

3. Wie ist der Handelsmakler vom Handelsvertreter abzugrenzen?

Wesentliches Unterscheidungsmerkmal zwischen Handelsmakler und Handelsvertreter ist, dass der Handelsmakler nicht ständig für einen Unternehmer tätig ist. Weiterhin ist der Handelsmakler nicht weisungsgebunden und hat auch die Interessen beider Parteien zu wahren.

4. Trifft den Handelsmakler eine Pflicht zum Tätigwerden?

Den Handelsmakler trifft genau wie den Zivilmakler (§§ 652 ff. BGB) grundsätzlich keine Pflicht zum Tätigwerden. Etwas anderes gilt nur dann, wenn dies mit dem Auftraggeber vereinbart wurde, was insbesondere dann anzunehmen ist, wenn dem Handelsmakler ein Alleinauftrag erteilt wurde.

5. Welche Rechte hat der Handelsmakler?

Nach § 99 HGB steht dem Makler gegen beide Parteien des vermittelten Vertrages ein Anspruch auf die Provision (je zur Hälfte) zu, sofern nichts Abweichendes hiervon vereinbart wurde. Der Provisionsanspruch des Handelsmaklers entsteht, wenn es zu einem Vertragsschluss entsprechend des erteilten Auftrages aufgrund der Vermittlungstätigkeit des Handelsmaklers kommt. Mindestens erforderlich ist hierfür eine Mitursächlichkeit, vgl. § 652 Abs. 1 BGB. Ein darüber hinausgehender Aufwendungsersatzanspruch steht dem Handelsmakler nach § 652 Abs. 2 BGB nur zu, wenn dies besonders vereinbart wurde.

III. Der Handlungsgehilfe

1. Was versteht man unter einem Handlungsgehilfen?

Handlungsgehilfe ist nach § 59 HGB, wer in einem Handelsgewerbe zur Leistung von kaufmännischen Diensten gegen Entgelt angestellt ist. Der Handlungsgehilfe ist mithin Arbeitnehmer.

2. Welche Personen sind als Handlungsgehilfen einzuordnen?

Handlungsgehilfen sind immer Angestellte und nicht Arbeiter. Im Vergleich zum Arbeiter zeichnet sich die Tätigkeit des Angestellten dadurch aus, dass er vorwiegend eine geistige und keine körperliche Tätigkeit ausübt. Typische Handlungsgehilfen sind daher Buchhalter, Bürovorsteher, Einkäufer, Filialleiter, Kassierer, usw. Auch Prokuristen, Handlungsbevollmächtigte und Ladenangestellte sind Handlungsgehilfen, die für das Außenverhältnis mit besonderen handelsrechtlichen Vollmachten ausgestattet sind.

3. Welche Vorschriften sind auf das Verhältnis zum Handlungsgehilfen anwendbar?

Handlungsgehilfen unterfallen zunächst dem allgemeinen Individualarbeitsrecht, insbesondere also den §§ 611 ff. BGB. Darüber hinaus gelten für sie die §§ 59 ff. HGB als besonderes kaufmännisches Individualarbeitsrecht, die das allgemeine Individualarbeitsrecht ergänzen.

Literatur
- Emmerich, Moderne Vertriebsformen und Einzelheiten ihrer handelsrechtlichen Zulässigkeit, ZIP 1996, 1809 ff.
- Hombrecher, Der Vertrieb über selbstständige Absatzmittler - Handelsvertreter, Vertragshändler, Franchisenehmer & Co., Jura 2007, 690 ff.
- Lettl, Handelsrecht, 1. Auflage 2007, § 7
- Tscherwinka, Das Recht des Handelsvertreters, JuS 1991, 110 ff.
- Wank, Arbeitsrecht und Handelsrecht im HGB, JA 2007, 321 ff.

▶ **Unsere** 📖 **Skripten** 📑 **Karteikarten** 🎧 **Hörbücher (Audio-CDs)**

Zivilrecht (je 6,60 €*)
- 📖 Standardfälle für Anfänger und 📖 Standardfälle für Fortg.
- 📖 Standardfälle BGB AT
- 📖 Standardfälle Schuldrecht
- 📖 Standardfälle Ges. Schuldverh. (§§ 677, 812, 823)
- 📖 Standardfälle Sachenrecht
- 📖 Standardfälle Familien- und Erbrecht
- 📖 Originalklausuren Übung für Fortgeschrittene
- 📖 🎧 Basiswissen BGB (AT) (Frage-Antwort)
- 📖 🎧 Basiswissen SchR (AT) und 📖 🎧 Basisw SchR (BT)
- 📖 Einführung in das Bürgerliche Recht
- 📖 BGB (AT) (9,90 €)
- 📖 Schuldrecht (AT) (9,90 €)
- 📖 Schuldrecht (BT) 1 - §§ 437, 536, 634, 670 ff.
- 📖 Schuldrecht (BT) 2 - §§ 812, 823, 765 ff.
- 📖 Sachenrecht 1 – Bewegliche Sachen
- 📖 Sachenrecht 2 – Unbewegliche Sachen
- 📖 Familienrecht
- 📖 Erbrecht
- 📖 Streitfragen Schuldrecht
- 📖 🎧 Definitionen für die Zivilrechtsklausur (9,90 €)

Strafrecht (je 6,60 €*)
- 📖 Standardfälle für Anfänger Band 1 (7,90 €)
- 📖 Standardfälle für Anfänger Band 2
- 📖 Standardfälle für Fortgeschrittene (8,90 €)
- 📖 🎧 Basiswissen Strafrecht (AT) (Frage-Antwort)
- 📖 Basiswissen Strafrecht (BT) in Vorbereitung
- 📖 Strafrecht (AT)
- 📖 Strafrecht (BT) 1 – Vermögensdelikte (7,90 €)
- 📖 Strafrecht (BT) 2 – Nichtvermögensdelikte (7,90 €)
- 📖 Jugendstrafrecht/Strafvollzug/Kriminologie
- 📖 🎧 Definitionen für die Strafrechtsklausur

Öffentliches Recht (je 6,60 €*)
- 📖 Standardfälle Staatsrecht I – StaatsorgaR (7,90 €)
- 📖 Standardfälle Staatsrecht II – Grundrechte (9,90 €)
- 📖 Standardfälle für Anfänger (StaatsorgaR u. Grundrechte)
- 📖 Standardfälle Verwaltungsrecht (AT) (7,90 €)
- 📖 Standardfälle Verwaltungsrecht für Fortgeschrittene
- 📖 Standardfälle Baurecht (7,90 €)
- 📖 Standardfälle Europarecht (7,90 €)
- 📖 🎧 Basiswissen Staatsrecht I – StaatsorgaR (Frage-Antw.)
- 📖 🎧 Basiswissen Staatsrecht II – GrundR (Frage-Antw.)
- 📖 Basiswissen Verwaltungsrecht AT– (Frage-Antwort)
- 📖 Staatsorganisationsrecht (9,90 €)
- 📖 Grundrechte (9,90 €)
- 📖 Staatshaftungsrecht (7,90 €)
- 📖 Verwaltungsrecht (AT) 1 - VwVfG
- 📖 Verwaltungsrecht (AT) 2 – VwGO
- 📖 Verwaltungsrecht (BT) 1 – POR (7,90 €)
- 📖 Verwaltungsrecht (BT) 2 – Baurecht
- 📖 Verwaltungsrecht (BT) 3 – Umweltrecht
- 📖 🎧 Europarecht (7,90 €)
- 📖 🎧 Definitionen Öffentliches Recht (8,90 €)

Steuerrecht (je 6,60 €*)
- 📖 Abgabenordnung (AO)
- 📖 Einkommensteuerrecht (EStG) (7,90 €)
- 📖 Umsatzsteuerrecht (UStG) (7,90 €)
- 📖 Erbschaftsteuerrecht: erscheint ca. April 2008!
- 📖 Steuerstrafrecht/Verfahren/Steuerhaftung (7,90 €)

Sozialrecht (je 6,60 €*)
- 📖 Kinder- und Jugendhilferecht
- 📖 Sozpäd. Diagn.: SPFH & ambul. Hilfen d. KJH
- 📖 Sozialrecht

Nebengebiete (je 6,60 €*)
- 📖 Standardfälle Handels- & GesellschaftsR
- 📖 Standardfälle Arbeitsrecht (7,90 €)
- 📖 🎧 Basiswissen Handelsrecht (Frage-Antwort)
- 📖 🎧 Basiswissen Gesellschaftsrecht (Fra.-Antw.)
- 📖 🎧 Basiswissen ZPO (Frage-Antwort) (7,90 €)
- 📖 🎧 Basiswissen StPO (Frage-Antwort)
- 📖 Handelsrecht
- 📖 Gesellschaftsrecht
- 📖 Arbeitsrecht (7,90 €)
- 📖 Kollektives Arbeitsrecht (7,90 €)
- 📖 ZPO I – Erkenntnisverfahren (7,90 €)
- 📖 ZPO II – Zwangsvollstreckung
- 📖 Strafprozessordnung – StPO
- 📖 Internationales Privatrecht – IPR (7,90 €)
- 📖 Insolvenzrecht
- 📖 Gewerbl. Rechtsschutz/Urheberrecht (7,90 €)
- 📖 Wettbewerbsrecht (7,90 €)
- 📖 500 Spezial-Tipps f. Juristen (10,90 €)
- 📖 Mediation (7,90 €)

Karteikarten (je 8,90 €)
- 📑 Grundlagen des Zivilrechts
- 📑 Streitfragen Strafrecht
- 📑 Strafrecht (BT) 1 - Vermögensdelikte
- 📑 Strafrecht (BT) 2 – Nichtvermögensdelikte

Assessorexamen (je 6,60 €*)
- 📖 Die Relationstechnik
- 📖 Der Aktenvortrag im Strafrecht
- 📖 Der Aktenvortrag im Wahlfach Strafrecht
- 📖 Der Aktenvortrag im Zivilrecht
- 📖 Der Aktenvortrag im Öffentlichen Recht
- 📖 Urteilsklausuren Zivilrecht
- 📖 Anwaltsklausuren Zivilrecht
- 📖 Staatsanwaltl. Sitzungsdienst & Plädoyer
- 📖 Die strafrechtliche Assessorklausur
- 📖 Die öff.-rechtl. Assessorklausur Bd.1 (7,90 €)
- 📖 Die öff.-rechtl. Assessorklausur Bd.2
- 📖 Zwangsvollstreckungsklausuren
- 📖 Vertragsgestaltung in der Anwaltsstation

BWL & VWL (je 6,60 €*)
- 📖 Einführung in die Betriebswirtschaftslehre
- 📖 Einführung in die Volkswirtschaftslehre
- 📖 Ratg. „500 Spezial-Tipps für BWLer"
- 📖 Rechnungswesen
- 📖 Marketing
- 📖 Organisationsgestaltung & -entwickl. (7,90 €)
- 📖 Internationales Management
- 📖 Unternehmensführung
- 📖 Wie gelingt meine wiss. Abschlussarbeit?
- 📖 Ratgeber Assessment Center

Schemata (9,90 €)
- 📖 Die wichtigsten Schemata - ZivR,StrafR,ÖR
- 📖 Die wichtigsten Schemata - Nebengebiete

* 6,60 Euro, soweit nicht ein anderer Preis in ( ) angegeben ist! Irrtümer/Änd. vorbehalten!
🎧 bedeutet: auch als **Hörbuch** (Audio-CD) lieferbar (7,90 €)

Im **niederle-shop.de** bestellte Artikel treffen idR *nach 1-2 Werktagen* ein!